丛书主编　丁见民
丛书副主编　付成双　赵学功

美 洲 史 丛 书

加拿大与美国关系史纲

杨令侠　著

南开大學出版社

天　津

图书在版编目(CIP)数据

加拿大与美国关系史纲 / 杨令侠著. —天津：南
开大学出版社，2023.9
（美洲史丛书 / 丁见民主编）
ISBN 978-7-310-06460-1

Ⅰ.①加… Ⅱ.①杨… Ⅲ.①加拿大—外交关系—美
国—研究 Ⅳ.①D871.12②D871.22

中国国家版本馆 CIP 数据核字(2023)第 166769 号

加拿大与美国关系史纲
JIANADA YU MEIGUO GUANXI SHIGANG

南开大学出版社出版发行
出版人：陈　敬
地址：天津市南开区卫津路 94 号　　邮政编码：300071
营销部电话：(022)23508339　营销部传真：(022)23508542
https://nkup.nankai.edu.cn

天津创先河普业印刷有限公司印刷　全国各地新华书店经销
2023 年 9 月第 1 版　　2023 年 9 月第 1 次印刷
238×170 毫米　16 开本　10.25 印张　4 插页　173 千字
定价：96.00 元

如遇图书印装质量问题,请与本社营销部联系调换,电话:(022)23508339

南开大学中外文明交叉科学中心
资助出版

编者的话

自从 1492 年哥伦布发现"新大陆"，美洲开始进入全世界的视野之内。不过，哥伦布认为他所到达的是东方的印度，故误将所到之地称为印度群岛，将当地原住民称为"印地人"。意大利航海家阿美利哥在随葡萄牙船队到南美洲探险后，于 1507 年出版的《阿美利哥·维斯普西四次航行记》中宣布哥伦布所发现的土地并非东方印度，而是一个新大陆。稍后学者为了纪念新大陆的发现，将这一大陆命名为"亚美利加"，即美洲。此后很长时期内，欧洲人，无论是西班牙、葡萄牙还是英国、法国的探险家，都将这一大陆称为美洲。葡萄牙航海家费迪南德·麦哲伦，西班牙探险家赫尔南·科尔特斯、弗朗西斯科·皮萨罗，英国探险家弗朗西斯·德雷克、沃尔特·雷利无论在发给欧洲的报告、书信还是出版的行记中，都将新大陆称为美洲。甚至到 18 世纪后期，克雷夫科尔撰写的《一位美国农夫的来信》使用的依然是"America"，而法国人托克维尔在 19 世纪 30 年代出版的名著《论美国的民主》也是如此。可以说，在"新大陆"被发现后的数百年中，美洲在欧洲人的观念中都是一个整体。

1776 年，随着英属北美 13 个殖民地的独立，美洲各区域开始走上不同的发展道路。首先独立的美国逐渐发展壮大，西进运动势如破竹，领土扩张狂飙猛进，到 19 世纪中期已经俨然成为美洲大国。接着，原在西班牙、葡萄牙殖民统治之下的广大拉丁美洲地区，也在 19 世纪 20 年代纷纷独立，建立了众多国家。不过，新独立的拉美各国在资源禀赋极为有利的情况下，却未能实现经济快速发展，社会问题丛生，现代化之路崎岖缓慢。现代学者在谈及拉美问题时，屡屡提及"现代化的陷阱"。最后，加拿大在 19 世纪中期经过与英国谈判才获得半独立地位，但此后其"国家政策"不断推进，经济发展和国家建设稳步提升，于 20 世纪初跻身经济发达国家之列。

表面上看，似乎美洲各国因为国情不同、发展道路各异而无法被等同视之，但当历史进入 19 世纪末期以后，美洲一体化的趋势却日渐明显，似乎应了"分久必合"的老话。1890 年 4 月，美国同拉美 17 个国家在华盛顿举行第一次美洲会议，决定建立美洲共和国国际联盟及其常设机构——美洲共和国商务局。1948 年在波哥大举行的第九次美洲会议通过了《美洲国家组织宪章》，联盟遂改称为"美洲国家组织"。这一国际组织包括美国、加拿大与拉丁美洲大部分国家。

除了国际政治联盟外，美洲经济一体化也在第二次世界大战后迅速发展。美洲区域经济一体化首先在拉丁美洲开启。拉美一体化协会（Latin American Integration Association）是最大的经济合作组织，其前身是拉丁美洲自由贸易协会，主要成员国包括阿根廷、玻利维亚、巴西、智利、哥伦比亚、厄瓜多尔、墨西哥、巴拉圭、秘鲁、乌拉圭和委内瑞拉。此外，1969 年成立的安第斯条约组织（又称安第斯集团），由玻利维亚、智利、哥伦比亚、厄瓜多尔和秘鲁组成。1994 年，安第斯条约组织正式组建自由贸易区。1997 年，安第斯条约组织更名为安第斯共同体，开始正式运作。与此同时，加勒比共同体、中美洲共同市场、南方共同市场等区域经济一体化组织纷纷出现。其中，1995 年建立的南方共同市场是拉美地区发展最快、成效最显著的经济一体化组织。北美自由贸易区的建立，则是美洲一体化的里程碑。1992 年，美国、加拿大和墨西哥三国正式签署《北美自由贸易协定》。1994 年 1 月 1 日，协定正式生效，北美自由贸易区宣布成立。

时至今日，美洲各国在经济和政治上的联系日益紧密，美洲在政治、经济和文化等诸多方面依然是和欧洲、亚洲、非洲迥然不同的一个区域。无论是被视为一个整体的美洲，还是走上不同发展道路的美洲各国，抑或走向一体化的美洲，都值得学界从历史、文化、外交、经济等多维度、多视角进行深入研究。

南开大学美洲史研究有着悠久的历史和深厚的学术传统。20 世纪二三十年代，曾有世界史先贤从美国学成归来，在南开大学执教美国史，为后来美国史的发展开启先河。不过，南开美国史研究作为一个具有影响的学科则可以追溯到杨生茂先生。先生 1941 年远赴海外求学，师从美国著名外交史学家托马斯·贝利，1947 年回国开始执教南开大学，他培养的许多硕士生和博士生成为国内高校美国史教学和科研的骨干。1964 年，根据周恩来总理的指示，国家高教委在南开大学设立美国史研究室，杨生茂先生任主任。这是中国高校中最早的外国史专门研究机构。此后，历经杨生茂先生、张友伦先生和李剑鸣、赵学功教授三代学人的努力，南开大学美国史学科成为中国美国史研究一个颇具影响的学术点。2000 年，美国历史与文化研究中心成立，成为南开大学历史学院下属的三系三所三中心的机构之一。2017 年，以美国历史与文化研究中心为基础组建的南开大学美国研究中心，有幸入选教育部国别与区域研究（备案）基地，迎来新的发展机遇。不过，南开大学美国研究中心并非仅仅局限于历史学科。南开美国研究在薪火相传中一直都具有跨学科的多维视角特色，这可以追溯到冯承柏先生。冯先生出身于书香世家，数代都是南开学人。他一生博学多才，在美国研究、博物馆学与图书情报等数个领域都建树颇丰，在学界具有重要的影响，他为美国研究进一步开辟了交叉学科的宽广视野。在冯先生之后，南开美国研究的多学科合作传统也一直在延续，其中的领军者周恩来政府管理学院的韩召颖教授、美国研究中心的罗宣老师都是冯先生的杰出弟子。

南开大学拉丁美洲史是国家重点学科"世界史"主要分支学科之一，也是历史学院的特色学科之一。南开大学历史系拉丁美洲史研究室建立于1964 年，梁卓生先生被任命为研究室主任。1966 年，研究室一度停办。1991 年，独立建制的拉丁美洲研究中心成立，洪国起教授为第一任主任，王晓德教授为第二任主任，董国辉教授为现任主任。2000 年南开大学实行学院制后，拉美研究中心并入历史学院。1999 年，中心成为中国拉丁美洲史研究会秘书处所在地。洪国起教授在 1991－1996 年任该研究会副理事长，1996－1999 年任代理理事长，1999－2007 年任理事长。2007－2016 年，王晓德教授担任研究会理事长，韩琦教授担任常务副理事长；2016 年后，韩琦教授担任理事长，王萍教授、董国辉教授担任副理事长。

此外，加拿大史研究也一直是南开大学世界史学科的重要组成部分。20 世纪 90 年代，张友伦先生带队编著并出版《加拿大通史简编》，开启研究先河。杨令侠、付成双教授分别担任中国加拿大研究会会长、副会长，先后担任南开大学加拿大研究中心主任。南开大学加拿大研究中心是中国加拿大研究的重镇之一，出版了众多加拿大研究成果，召开过数次大型学术研讨会。

深厚的学术传统结出丰硕的学术成果，而"美洲史丛书"就是前述研究成果的一个集中展现。这套丛书计划出版（或再版）18 部学术著作，包括杨生茂编著（朱佳寅、杨令侠编）《美国史学史论译》、张友伦主编《加拿大通史简编》、冯承柏著《美国历史与中美文化交流研究》、洪国起著《拉丁美洲史若干问题研究》、陆镜生著《美国社会主义运动史》、韩铁著《美国历史中的法与经济》、王晓德著《拉丁美洲对外关系史论》、李剑鸣著《文化的边疆：美国印第安人与白人文化关系史论》、韩琦著《拉丁美洲的经济发展：理论与历史》、赵学功著《战后美国外交政策探微》、付成双著《多重视野下的北美西部开发研究》、董国辉著《拉美结构主义发展理论研究》、杨令侠著《加拿大与美国关系史纲》、丁见民著《外来传染病与美国早期印第安人社会的变迁》、张聚国著《上下求索：美国黑人领袖杜波依斯的思想历程》、罗宣著《美国新闻媒体影响外交决策的机制研究》、王翠文著《文明互鉴与当代互动：从海上丝绸之路到中拉命运共同体》与董瑜著《美国早期政治文化史散论》。

与其他高校和科研机构的相关成果相比，这套丛书呈现如下特点：第一，丛书作者囊括南开大学老中青三代学者，既包括德高望重的前辈大家如杨生茂、张友伦、冯承柏、洪国起，又包括年富力强的学术中坚如王晓德、李剑鸣、赵学功、韩琦等，还包括新生代后起之秀如付成双、董国辉和董瑜等；第二，丛书研究的地理区域涵盖范围宽广，涉及从最北端的加拿大到美国，再到拉丁美洲最南端的阿根廷；第三，涉猎主题丰富广泛，涉及政治、经济、文化、外交、社会和法律等众多方面。可以说，这套丛书从整体上展现了南开大学美洲史研究的学术传统特色和专业治学水平。

为保证丛书的编写质量，南开大学历史学院与南开大学出版社密切合作，联手打造学术精品。南开大学中外文明交叉科学中心负责人江沛教授在担任历史学院院长时启动了"美洲史丛书"的出版工作，并利用中外文明交叉科学中心这个学术平台，提供学术出版资助。余新忠教授继任历史学院院长后，十分关心丛书的后续进展，就丛书的编辑、出版提出了不少建设性意见。南开大学世界近现代史研究中心主任杨栋梁教授对丛书的出版出谋划策，鼎力支持。此外，美国研究中心、拉丁美洲研究中心的博士及硕士研究生出力尤多，在旧版书稿与扫描文稿间校对文字，核查注释，以免出现篇牍讹误。

南开大学出版社的陈敬书记、王康社长极为重视"美洲史丛书"的编辑出版工作，为此召开了专门的工作会议。项目组的编辑对丛书的审校加工倾情投入，付出了艰巨的劳动。在此向南开大学出版社表示衷心的感谢！

丁见民

2022 年 4 月

目　录

引　言

　　本书是从加拿大角度去考察加拿大与美国两国关系的。因为这是一本关系史，故写作内容突破了外交史的范围，其中不仅涉及政治、经济关系，还包括了社会与文化交流。

　　在我国，有关美国与拉美国家间政治和经济关系的论著较多，但系统研究加美关系的专著不多，从加拿大角度去叙述加美关系的著作更少。美国学界亦是如此。[①]

　　笔者认为，加美关系这个课题应当被重视，从加拿大角度去进行研究更为重要。加拿大虽然是一个发达的资本主义国家，但同超级资本主义大国近邻美国打交道并不容易，其曲折经历对于了解当今国际关系具有举一反三的现实意义，对于实施独立自主、改革开放政策的中国也有借鉴效用。

　　18 世纪 70 年代中期，北美 13 殖民地反抗英国殖民统治时，就想把加拿大这块英国殖民地（主要是魁北克）变成第 14 个殖民地。到 20 世纪 90 年代中期（1994 年），加拿大总理仍然呼吁人们不要把独立的加拿大视为美国的第 51 州[②]。时隔 219 年的两件事显示出加美间根深蒂固的纠葛。

　　对于加美之间的关系还有更形象的描述。加拿大总理特鲁多（Pierre Trudeau）曾说，跟美国在一起，就如同睡在一只大象旁边，"象的每一个抽动和咕噜都会使加拿大受到影响"[③]。一个加拿大银行家说，美国伤风，

---

　　① 美国外交史学家对同加外交关系的研究不如对美国同拉美关系的研究那样重视。比米斯教授在其《美国外交史》著作中特别写了一段话，并列出具体有关章目，说明他对美加关系和美拉关系予以了同等注意。这正表明比米斯已注意到史学界存在的这种现象（参见 Samuel Flagg Bemis, *A Diplomatic History of the United States*, New York: Henry Holt and Co., 1942, p. 795.）。

　　② 高凤仪：《调整中的加拿大外交政策》，《光明日报》，1994 年 4 月 4 日。

　　③ Ralph Nader, *Canadian First*, Toronto: McClelland and Stewart, 1992, p. 1.

加拿大就得打喷嚏。[1]这些描绘说明加拿大侧身于美国巨人之旁，是多么忐忑不宁。

　　要想把加美关系说清楚，必须提到英国，在一定时期还得提到法国。加拿大摆脱英国殖民统治、取得独立的历程，不像美国那样通过一次革命战争，而是经历大致170多年的长期演变。加美直接的正式官方关系是随着加拿大在英帝国范围内不断争取到的独立自主的程度而逐步实现的。从美国独立后，特别是从19世纪末叶至二战爆发前，英、美、加北大西洋三角格局一直支配着加美关系。许多历史学家用"人质"（或"抵押物"）[2]、"制轮楔"[3]、"挽钩"[4]、"砝码"[5]、"中间人"[6]和"扑克牌小赌家"[7]等来形容加拿大在这个三角格局中的地位。二战期间及其后，随着英国国力的衰落，英、美、加三角格局转变为加美双边关系，因而形容加拿大所处地位的名词又有"伙伴"[8]、"文化殖民地"[9]、"卫星国"[10]、"勤杂工"[11]和"巨人的伙伴"[12]等。这些辞藻概括了不同时期加拿大在加美关系中所显示的主要特征。

---

① Robert Bothwell, *Canada and the United States: The Politics of Partnership*, Toronto: The University of Toronto Press, 1992, p. 147.

② Samuel Flagg Bemis, *A Diplomatic History of the United States*, New York: Henry Holt and Co., 1942, pp.793-794.

③ Robert Bothwell, *Canada and the United States: The Politics of Partnership*, Toronto: The University of Toronto Press, 1992, p.8.

④ Samuel Flagg Bemis, *A Diplomatic History of the United States*, New York: Henry Holt and Co., 1942, p. 791.

⑤ Samuel Flagg Bemis, *A Diplomatic History of the United States*, New York: Henry Holt and Co., 1942, p. 796; Regenstreif Peter, "Canada`s Foreign Policy," *Current History*, Vol.72, No.426 (April 1977), p. 150.

⑥ Robert Bothwell, *Canada and the United States: The Politics of Partnership*, Toronto: The University of Toronto Press, 1992, p. 8.

⑦ John W. Dafoe, ed., *Canada Fights*, New York, 1941, p. 228.

⑧ Robert Bothwell, *Canada and the United States: The Politics of Partnership*, Toronto: The University of Toronto Press, 1992; Richard W. Van Alstyne, *American Diplomacy in Action*, Palo Alto: Stanford University Press, 1947, pp. 58, 125.

⑨ 唐纳德·克赖顿：《加拿大近百年史》下册，山东大学出版社1972年版，第462页。

⑩ John W. Warnock, *Partner to behemoth: The Military Policy of a Satellite Canada*, Toronto: New Press, 1970.

⑪ James Eayrs, *Northern Approaches: Canada and the Search for Peace*, Toronto: The Macmillan Company, 1961, p. 1.

⑫ John W. Warnock, *Partner to behemoth: The Military Policy of a Satellite Canada*, Toronto: New Press, 1970.

在加美关系中，有许多值得深入思考的问题。例如，加拿大为什么很长时期没有落入门罗主义的罗网？长期畏忌门罗主义的加拿大为什么在 1972 年主动向美洲国家组织派出常驻观察员？美国在革命时期和立国初期两次以武力兼并加拿大的行动为什么均未成功？此后，加美边界为什么得以变成不设防边界？加美为什么能以谈判方式解决边界、渔业等争端？美国对加拿大为什么没有像对拉美国家那样采取武力征服政策（除早期两次出兵入侵外）？在 18 世纪末和 19 世纪初期，英国对加拿大为什么采取"分而治之"政策？到 19 世纪中叶，英国为什么放弃了这个政策？在英帝国的殖民统治下，加拿大是如何逐步争得独立的，为什么没有采取美国那种革命方式？1948 年加拿大为什么没有参加美洲国家组织那种军事同盟，而于次年加入了北大西洋公约组织这一军事同盟？美国为什么一向不赞成魁北克的分离运动？魁北克分离运动的根源是什么？1956 年苏伊士运河危机中加拿大为什么不支持英国？加拿大民族主义精神在对美关系中有哪些表现？加拿大在经济上，因而在政治和文化上的艾基利斯之踵（即易遭攻击之处）是什么？历届政府是采取什么政策去抵制或躲避美国的攻势的，为什么往往收效不大？加拿大民族主义潜流有何表现？加拿大主要省份间因对内政政策所持见解不同，在对美政策上有哪些不同看法？……类似这些问题还可罗列许多，而更重要的是为诸如此类问题找出较合理的解答。

加美关系史大致可分为 5 个时期。本书所列五章就是依照这 5 个时期编排的，即：（一）18 世纪后期至 19 世纪初；（二）19 世纪前期；（三）19 世纪后期；（四）20 世纪初至二战前夕；（五）二战时期及其后。需要说明的是，第一，分期是以重大历史事件为界标的。历史是不可分割的，前因后果相互连续，界标不是前因后果的隔板。分期只是为了便于理解历史发展各时期的特点、导因和趋向而已。第二，国际上国家交往关系基本上是由两种因素即国内因素和国外因素合成的。外交是内政的延续。加美关系史首先须从加拿大内政角度去探察，又因加拿大长期生存在英帝国的阴影下，因此也须考察英帝国内部事务这个背景。同时加美关系又须放在国际关系（其中包括美国）这个大背景去审视。一战以前英国支配着加拿大的外交，一战后，特别是二战爆发后，美国对加拿大的影响突出了。

加美直接外交关系始于 20 世纪初年。1909 年加拿大在英国驻美大使馆中设立了一个办事处，在英国的监督下，负责处理有关加美间的外交事务。

加美正式外交关系始于 1926 年，是年加拿大向美国派出使节①。可是追溯加美关系的渊源，须从英法"七年战争"（1756—1763 年）开始。加拿大原为法国殖民地，"七年战争"时落入英国之手，同英属北美 13 殖民地一样，成为英属北美殖民地的一部分。"七年战争"后，13 殖民地与宗主国英国的矛盾日益加剧。英国为了抵制 13 殖民地的反抗运动，对原法属殖民地魁北克采取安抚政策，一方面竭力扩大魁北克的版图，另一方面又允许魁北克维持其天主教、法语和领主制，没有像对其他加拿大省份中的法裔居民那样采取同化政策。这种"分而治之"的政策为加拿大英、法裔居民的长期不和播下种子。

加拿大其他省份的居民主要是英裔，同 13 殖民地同文同语，制度上也基本同源。美国独立战争时期，大陆会议就企图把加拿大合并过去，但未成功。进入 19 世纪 10 年代，美国趁英国在欧洲与欧洲大陆霸主拿破仑作战之机，曾第二次企图用武力兼并加拿大，又未成功。每次美国都是由陆路进侵。战争开始时，英国进行防御战，一当从海上运来援军时，年轻的美国便力量不支了。1815 年在维也纳会议上英国攫得两大洋的制海权后，美国兼并加拿大的希望就化为泡影了。虽然此后 100 余年美国政界头面人物和报刊仍然不时吵嚷着要吞并加拿大，但吵嚷只不过是空谷之音。在英法和英美抗争中，深受其害的是印第安人。法英都把印第安人作为挡箭牌，借以争夺利润丰厚的毛皮贸易和扩张领土。

1815 年后美国既无力鲸吞加拿大，它的扩张矛头遂转向南方和西南方，即转向国力衰落的西属北美殖民地。美国国内奴隶制种植园主与工商资产阶级的矛盾也牵制了向北扩张的势头。英国也无意再利用势力衰落的印第安人去争夺毛皮贸易，更无意派远征军在北美边疆上大动干戈。由于这些原因，在 19 世纪上叶加美关系出现了相对稳定的局面。这期间，主要以谈判方式解决了从东到西大部分边界勘划问题，同时大湖区不设防原则还运用到陆地边界。在结束美国独立战争的谈判中，美国代表曾提出对加拿大领土的要求，却为英国所拒绝。但 1783 年巴黎条约中对边界划分（尤其是东部边界划分）很不明确。本杰明·富兰克林（Benjamin Franklin）曾企图在大湖

---

① 1926 年 11 月 25 日，加拿大总督弗里曼·弗里曼-托马斯根据总理麦肯齐·金的建议，任命文森特·梅西（Vincent Massey）出任加拿大政府驻美国特命全权公使。1927 年 2 月 18 日，梅西在华盛顿以加拿大特命全权公使身份递交国书，美国承认加拿大为独立国家，对其外交关系拥有自主权。梅西成为加拿大有史以来第一位拥有前往外国首都的正式外交国书的特使。

区开一个可供美国出入的"临街门"。在 1817、1818 和 1842 年边界谈判中，英国以不设防为代价，堵住了这个"临街门"。及至 1846 年俄勒冈地区并入美国后，加美两国东西向边界才算划定。

美国内战后，美加展开向各自西部边疆扩张的竞争。与领土扩张伴随的是横跨大陆的铁路建筑竞争。1867 年美国从俄国购买了阿拉斯加，企图从侧面包抄加拿大。同年，英国议会通过法令，把加拿大变成自治领，进一步放弃了"分而治之"政策，使加拿大诸省联合起来，增强了抵御美国威胁的力量。自治领接着于 1870 和 1871 年在中西部和极西部建立两个省（马尼托巴和不列颠哥伦比亚），迎面堵住美国图谋加拿大西部领土的道路。1903 年阿拉斯加与加拿大南北向边界划定。长达 3000 英里的加美边界的划分最后完成。在英美历次边界谈判中，加拿大总是输家，边界大都或多或少地以有利于美国而勘定。

加美在渔业方面的争执断断续续，亘绵整个加美关系史。1783 年《巴黎条约》中关于沿纽芬兰和美国东北大西洋沿岸水域的捕鱼规定，只有短暂效力。至 1909 年两国才同意将纽芬兰渔场问题提交海牙国际仲裁法庭。与捕鱼争执相似的争执还有在白令海水域捕捉海豹问题，以及在太平洋水域捕捞大比目鱼之争。1892 年英美订立将白令海海豹问题提交巴黎仲裁的条约，后美国败诉，交纳赔偿金。关于大比目鱼问题，1923 年加美直接订立条约，解决捕鱼期限之争，但直到 1995 年 7 月两国还发生关于大比目鱼捕捞数量之争。

加美关于贸易方面的纠纷更是起起伏伏，所涉及的问题更为复杂。这主要决定于两国各自经济发展的状况。同美国相比，加拿大经济发展较慢，实力也较弱，加之地理上的原因，很难避开美国的左右。美国将加拿大视为投资的场所、自然资源的供应者与商品的销售市场。加拿大的商品农业也受到美国的压制。加拿大无法摆脱对于美国的资金、技术、设备以及市场的依赖。这种被控制的状况自一战后，特别是自二战爆发后日益明显。

加拿大长期是英国的殖民地。它的早期贸易走向自然是向西横跨大西洋，同英国早期工业化联系紧密。1832 年英国自由贸易派在议会中取得胜利，特别是 1846 年英国议会通过法令，废除了《谷物法》，给加拿大经济以沉重的打击。到了 1854 年美加才缔结了一个互惠贸易条约。但这个条约在美国内战结束的次年（1866 年）被美国取消了。从此，双方都采取了贸易保护主义政策。虽然 1869、1871、1874、1896 和 1897 年加拿大都曾提出建立互惠贸易的倡议，但均为美国所拒绝。1896 年加拿大转向英帝国内部的优惠制。

1879 年加拿大自治领政府提出保护关税、修筑铁路和向西移民的具有民族主义精神的新纲领，同美国展开扩展国力的竞争，同时也抵制美国兼并的威胁。1897 年加拿大针对美国制订了第一部保护主义关税法。美国方面从内战开始后共和党长期执政。在 1862—1930 年间，除短暂的民主党执政外，共和党一直推行保护主义政策，关税税率居高不下。加美双方展开关税壁垒战，其间虽然 1911 年美国总统塔夫脱（William Howard Taft）向加拿大提出一个互惠条约草案，但加拿大怀疑条约的政治目的，予以拒绝。直至1935 年加美才订立了历史上第二个互惠条约。这个条约的制订固然是美国在经济复苏时期实施"睦邻政策"的具体举措，但也可说明英帝国优惠制的没落。二战爆发后，加美经济和军事生产的协作程度急剧增长。1941 年美国的《租借法》彻底埋葬了英帝国优惠制。1944 年加美取消了在农业机械部门的关税。1959 年《国防生产分享协定》在军火生产部门实现了贸易和投资的自由化。在关税及贸易总协定（始于 1947 年）的多边贸易谈判的框架中，加美互减关税的同时，推行单一产业部门的双边自由贸易。1965 年双方签订了《汽车协定》，实现了汽车和汽车部件的自由贸易。此后，富有民族主义精神的特鲁多政府曾实施针对美国的"第三选择"贸易政策（1972年）并成立"外资审查局"（1973 年），但终因敌不过美国资本的反对而流产。二战后，加拿大既摆不脱强大的美国经济的支配，而在欧洲经济集团化日益加深的情况下，又不能不在加强美加经济体系中求发展。1988 年 1月加美签署自由贸易协定。协定在两国议会中通过后，于 1989 年 1 月 1 日生效。接着美、加、墨于 1992 年 12 月签署《北美自由贸易协定》（1994年 1 月 1 日生效）。加拿大更加疏远了大西洋彼岸的欧洲经济圈，进一步紧密地嵌入以美国为首的美洲经济一体化的进程。

早在加美都是英国殖民地时，加拿大就生存于英、美、加三角格局中。加拿大是在英、美两国的夹道中走过来的。它往往不能不步武英美，而有时又不甘于如此行事。在 19 世纪末叶之前，这个三角形是不等边三角形。英国是长边，对加拿大的影响最大，美国次之，加拿大是最短的一边。加拿大借助英国海军的保护，才得以抵住美国的陆路进攻。但英国所关心的是英帝国的整个海外殖民利益，不仅仅集中在加拿大，所以有人用"人质"来形容加拿大当时所处的地位。这一现象在震撼北美大陆的美国内战中就显示出来。英国在美国内战中竭力支持美国南部同盟，但终因惧怕美国联邦政府派兵入侵加拿大而不敢公开直接介入战争。即使在同法国和西班牙乘内战之机，合力入侵墨西哥以拆除门罗主义的樊篱时，英国也只是把法国拿破仑三世的军队"护送"到墨西哥，而自己却偃旗息鼓，退了出去。在 19 世纪上叶，英国竭力遏制美国在大陆扩张的目的，除了制止美国侵犯它在拉丁美洲的既得利益外，还害怕日渐强大的美国有朝一日打破加美相对稳定的状况，重演兼并的"武剧"。

　　19 世纪后半叶，即加拿大自治领建立后的初期，是加拿大历史上极其重要的年代。加拿大在西部铁路建筑和扩展西部领土方面都得到英国的支持。这时英国在亚非扩大殖民地的活动中越来越同欧洲其他殖民国家发生激烈的冲突。英国便以加强加拿大自身力量的方法来维护加拿大的安全。自治领的建立即是举措之一。1871 年英国首次从加拿大撤军，1899 年第二次布尔战争发生后，英国将全部驻军撤出加拿大。同时英国同其他欧洲老牌殖民国家激烈的竞争，也促使英国与开始向海外扩张的美国接近起来。1895 年委内瑞拉危机中英国对美国作出让步，揭开了英、美外交协调的帷幕。进入 20 世纪，英国放弃了对中美洲海峡运河建筑的参与权，阿拉斯加与加拿大的边界也确定下来。英国退出拉丁美洲国家和英美相互支持扩张活动这种形势，有利于加拿大保住它的领土安全。这就使英、美、加不等边三角关系转变为等腰三角形格局。两个长的等边是英美，底边是加拿大。在英帝国优惠制下，加拿大的经济和政治联系对象仍以英国为主。在美英间，加拿大不再是"人质"，而是砝码。一战后，加拿大有条件在英帝国范围内去展开争取独立自主的活动。1923 年美加直接订立了关于大比目鱼的条约，1926 年加向美派出正式使节，1931 年英国议会通过《威斯敏斯特法》，正式承认加拿大的主权国地位。20 年代也显示出美国对加拿大经济和文化影响的增强。20 年代初美国在加投资数量超过英国，美国书刊开始充斥加拿大市场，电台广播也吸引加拿大广大听众。

　　二战是加美关系的另一重大转折点。二战期间及冷战开始后，美国对加拿大的经济影响进一步增强，特别是军事防务关系的增强达到史无前例的程度。1948 年美国控制了 39%加拿大制造业资本，到 1957 年达 43%，在一些新兴工业部门如石油和天然气中达 70%。1952 年加拿大人文森特·梅西（Charles Vincent Massey）担任了加拿大总督。1982 年加拿大从英国收回《不列颠北美法案》。这个建立加拿大自治领，并被视作加拿大宪法的法案的收回，就等于结束了英国干预加拿大的制宪权力。不仅在实质上，而且在形式上，英国对加拿大主权的最后的法律约束被取消了。英、美、加三角关系中英美的等腰关系消灭了，代之而起的是加美双边关系。美国一"边"是长线，是主导线。加拿大一"边"是短线，是依附线。移动的两线的交点即是加美关系的汇合点。在移动中，加拿大只能求大同，存小异。二战后，加拿大积极参加联合国组织和北大西洋公约组织并以"中等强国"身份在国际事务中实行一种中间路线政策。这些活动的目的在于减少对美国过度依附。及至冷战狂风越刮越猛时，加拿大在防务、经济以及政治上日益屈从美国的强权政治，其独立活动的余地越来越小。例如，1948 年加拿大犹拒绝参加美洲国家组织，而于次年参加了北大西洋公约组织，到 1972 年加拿大却不能不向美洲国家组织派出常驻观察员。1948 年加拿大还反对同美国建立关税同盟。及至 20 世纪 80、90 年代之交，加拿大相继加入了美加自由贸易区，进而参加建立美洲自由贸易区的活动。加拿大已深深卷入以美国为首的以地缘政治和强权政治为基础的美洲经济一体化的进程。在这个体系的未来的发展中加拿大所处的长远地位如何演变尚未可卜。

思考题：

（1）在我国研究美国与拉美关系史的著作比较多，而有关加美关系的专著比较少，原因何在？

（2）从加拿大角度研究美国与加拿大的关系，有何现实意义？

（3）对于加美关系史的分期有何看法？

（4）史学家常用形容词汇以形容不同时期加美关系特点。对这些词汇有何看法？

（5）对于加拿大在美洲经济一体化中的未来地位有何估计？

（6）加美关系史中有哪些重大转折点？

第一章　加拿大与美国的初期关系（1774—1814 年）

加拿大和美国是北美大陆上毗邻的两个大国。若谈加美关系，尤其是加美初期关系，势必涉及加、法、英、美四方。加美初期关系的特点是，由法国殖民地变为英国殖民地后，特别是美国发动独立战争继而取得独立后，加拿大两次面临被美国征服的危险。

一、"七年战争"前后的英属北美殖民地

17 世纪后，法国、英国先后占取了后来成为加拿大的土地。最早在这里殖民的是法国人。1603 年法国人在芬地湾的圣克罗伊克斯岛建立了最初的殖民点。1607 年英国在北美东岸建立了永久殖民地詹姆斯城。1608 年法国也建立了永久殖民地魁北克。法国人在此后的若干年里，发展了当地丰富的毛皮贸易，建立了广袤的新法兰西殖民地。它包括圣劳伦斯河下游以远直至拉布拉多以及大湖区和直至墨西哥湾的全部密西西比河流域。

然而，法国统治新法兰西的好景不长。1754 年英法在北美开始了争夺殖民地的战争，英属北美 13 殖民地人民称之为"与法国人、印第安人战争"。两年后，又爆发了一场以英、法为主要对手的欧洲王朝战争，史称"七年战争"（1756—1763 年）。"七年战争"使北美殖民地争夺战更加激烈。1759 年 9 月英军统帅詹姆斯·沃尔夫（James Peter Wolfe）攻克魁北克，与法军统帅蒙特卡姆侯爵（Montcalm）双双阵亡。接着英军又于 1759 年 9 月攻入蒙特利尔。1763 年《巴黎条约》的签订结束了这场英法争霸战争。结果是，战败的法国将北美的密西西比河流域、圣劳伦斯河及其以北土

地全部割给英国。法国也被迫将密西西比河以西的路易斯安那那块大片土地转让给西班牙。在北美法国只在纽芬兰沿海保住两个小岛圣皮埃尔和密克隆，以及在纽芬兰西岸和北岸沿海的捕鱼权。自此，新法兰西殖民地从北美版图上完全消失了。事实上，早在战争期间，即 1760 年蒙特利尔失陷后，新法兰西就已由英国人接管了。同时，英国人还夺取了加拿大的毛皮贸易。"七年战争"是英法两国在北美争夺殖民地的最末一次①大较量，而它的结束正是加、英、美三角纠结格局之始。

"七年战争"后，英国在北美的殖民地除了大西洋沿岸的 13 殖民地外，还增加了后来成为英属加拿大的北美殖民地，其中主要包括魁北克和新斯科舍、纽芬兰和鲁珀特斯兰。当时后两个地区尚不发达，最重要的地区是魁北克，其次是新斯科舍。

英属加拿大殖民地和后来构成美国的 13 殖民地这几个难兄难弟，从此同属英帝国北美殖民地。加美初期关系也就从这里开始。

新斯科舍原为法属阿卡迪亚。早在 1713 年结束"西班牙王位继承战争"的《乌得勒支条约》中割给英国，改称新斯科舍。1760 年后，新英格兰人源源涌入，原法裔阿卡迪亚人受到排挤。新英格兰人首先占领了芬迪湾沿岸地带，接着向北移入大西洋沿岸地带，经营捕鱼业。他们还把新英格兰的城镇大会制度和公理教会带到那里。在社会状况方面，当时新斯科舍同英属 13 殖民地中的马萨诸塞殖民地十分相近。

魁北克是原新法兰西的最重要的地域，魁北克城是当时圣劳伦斯河下游地区的重镇。在圣劳伦斯河两岸及其支流定居者主要是法国人和法人——印第安人混血儿。1759 年英军攻克魁北克城后，法国官吏、高级天主教士和大领主、大商人都纷纷离去，返回法国，但大部分低级教士、地主和贫穷居民都留下来。新来的英国殖民统治者使定居的英国军人都分得土地，目的在于吸引英国移民，但收效不大。只有少数供应英国军队的英国商人在魁北克和蒙特利尔落户定居，并接收了从前法国人经营的有利可图的毛皮贸易。英国殖民当局为了不激化与占多数的法裔居民的矛盾，允许当地人仍使用法文、讲法语和信奉天主教，法国的原民法成规和农业经济体制均未打乱。但

---

① "七年战争"之后，法国与英国又进行过两次战争，但不单纯属于在北美争霸的性质。1778 年法国加入美国独立战争，是为了报"七年战争"的一箭之仇，只可视为英法在北美争霸的余波。1789 年法国革命后，从 1792 年起以英国为首的一些欧洲国家对法国进行了断断续续长达 20 余年之久（1792—1815 年）的七次反法战争，但这些战争仅是欧洲国家争霸欧洲的战争。

语言以及政治、经济、宗教的差异，使法裔居民和英裔居民间的矛盾不断增加。

为了缓和英裔和法裔民族矛盾，并安抚与其有密切毛皮贸易关系的印第安人，1763 年 10 月英国颁布了《皇室诏谕》（以下简称《诏谕》），从阿巴拉契亚山脉的顶峰划了一条"诏谕线"，不准 13 殖民地居民逾线移入，并将位于阿巴拉契亚山以西的土地全部保留给印第安人。英国政府原想以这个《诏谕》吸引操英语的人移向魁北克，以便像在新斯科舍一样，冲淡法语居民的影响，实行逐步同化政策，同时缓和印第安人反抗白人夺取土地的斗争，以便来日改用其他形式（如条约形式）占取他们的土地。虽然《诏谕》答应给魁北克人以英国式的代议制，但操英语的人很少移入，因为他们所向往的是越过阿巴拉契亚山的气候暖和的俄亥俄河流域。事与愿违，这个《诏谕》不仅没有达到同化魁北克法裔居民的目的，反而引发了北美 13 殖民地居民的强烈不满，终于成为 13 殖民地发动争取独立战争的原因之一。

当 13 殖民地反抗英国统治的风暴日益强劲时，英国政府放弃了同化魁北克人的设想，因此把《诏谕》搁置起来，后退一步，改而采取加强魁北克地位的措施，期望日后北美发生任何动乱时，能够从法裔加拿大人中募集军队，得到支持。于是 1774 年英国议会公布了《魁北克法案》。《魁北克法案》扩充了魁北克的边界①，还取消了军事管制制度，取消了在魁北克建立代议制的规定，代之以民事政府，即除设有总督外，英国王室指定由法裔和英裔加拿大人组建立法委员会。旧的庄园土地制、民法和天主教会的各种特权，其中包括什一税和主教制都被保留下来，法语和英语同为官方语言。这样，就社会状况而言，魁北克俨似旧日新法兰西的缩影。英国采取这些措施的目的在于加强对魁北克的殖民统治，以免出现像 13 殖民地那样发生滑出英国之手的可能。无怪一位历史学家曾说，假如英国对待魁北克的不公平程度只及对待新英格兰不公平程度的一半，那么美国的领土就会延伸到北极圈。②

---

① 英国在"七年战争"中从法国夺得的魁北克的面积很大，已远远伸入今美国的领土。《魁北克法案》复规定其领土东北方包括拉布拉多半岛、鲁珀特斯兰和哈德逊湾公司的土地；南方包括蒙特利尔以西，沿圣劳伦斯河右岸土地，以及安大略湖、伊利湖的南岸土地；再南沿宾夕法尼亚西部边界，直到俄亥俄河，并沿该河直至与密西西比河汇合处，由此直达密西西比河的发源地。（参见 W. Easterbrook and H. Aitken, *Canadian Economic History*, Toronto: University of Toronto Press, 1989, p. 150.）在 1783 年英美订立的《巴黎条约》中，魁北克的面积才大大削减，五大湖区以南大部分土地划归美国。

② Agnes C. Laut, *Canada: the Empire of the North*, Toronto: Legare Street Press, 1924, p. 281.

这个法案被 13 殖民地视为暴政。他们深知英国统治者拱手将俄亥俄流域交给天主教徒，旨在对抗他们争取独立的斗争。英国为了它的殖民统治利益，就是这样多次重新划分北美殖民地的地理界线的。

二、美国独立战争与加拿大

"七年战争"后，英国在北美的殖民地版图虽然大大扩展了，但与 13 殖民地的矛盾却与日俱增，愈演愈烈。最初争执的问题主要是征税等经济问题，到后来演变为涉及独立的政治问题。13 殖民地反对宗主国压迫进而要求独立的斗争历经十余年之久，到 1775 年终于达到白热化程度。

1775 年北美 13 殖民地打响了争取独立的第一枪。13 殖民地的第二届大陆会议施展文武双管齐下的方法，竭力把 13 殖民地独立的火种传布到北方的近邻那里，并企图把同样在英国统治下的加拿大变成第 14 个殖民地，纳入反英行列。

1774 年 9 月 5 日第一次大陆会议开幕后，13 殖民地就着手进行攻取加拿大的军事行动。在第二次大陆会议于 1775 年 5 月 10 日开幕时，一支康涅狄克民兵在伊桑·艾伦（Ethan Allen）率领下，与另一支由本尼迪克特·阿诺德（Benedict Arnold）统帅的马萨诸塞民兵分两路包围并占取了尚普兰湖畔的提康德罗加，接着又攻占克朗波因特。这两个英国军事据点的陷落，就为大陆军进入加拿大敞开了大门。

1775 年 6 月邦克山战役之后，大陆会议立即命令理查德·蒙哥马利（Richard Montgomery）和本尼迪克特·阿诺德向魁北克进军，并提出在加拿大成立临时会议和由临时会议向大陆会议选派代表的要求。蒙哥马利率兵 1000 余人经哈德逊河和尚普兰湖于 11 月 12 日占领了蒙特利尔城。同时阿诺德率 300 余人穿越缅因荒 野抵达魁北克。12 月，蒙哥马利所部北上与阿诺德会师，合攻英军坚守的魁北克城，但遭失败。蒙哥马利阵亡，阿诺德负伤后退却。在魁北克城下的战役引起了英国的警惕。他们把在北美作战部队的一半约 1 万人运往魁北克。[①]这样，大陆军攻下魁北克的希望就化为泡影

---

　①这支军队正是 1777 年由英将伯戈因率领，企图南下开往纽约的那支部队。伯戈因于 10 月 17 日萨拉托加战役中败北投降美军。

了。换言之，假如魁北克城不能力御美军的话，加拿大落入美国手中是极其可能的。1775 年 5 月，佛蒙特的 200 名自称"绿山健儿"的民兵也跨过尚普兰湖，高喊"以耶和华和大陆会议的名义"，要求驻守提康德罗加的英军投降。接着，他们沿黎塞留河直抵圣劳伦斯河，9 月进攻蒙特利尔时被击溃。一部分人投降被俘，多数人逃往森林地带。①1776 年 2 月即在《独立宣言》发表的前夕，大陆会议还派遣本杰明·富兰克林等四人踏过冰天雪地的荒原，去劝说加拿大加入大陆会议。大陆会议还曾派人去魁北克各教区张贴传单，号召法国人起来一同反对英国殖民者。②大陆军总司令乔治·华盛顿（George Washington）在颁发给进攻魁北克的将领本尼迪克特·阿诺德的指令中还称："你要发现加拿大人对我们事业的真正情绪……禁止任何劫掠行动……勿辞艰辛，不惜费用去获取可能得到的情报。"③但这些活动均未得到热烈的反响和预期的效果。

实际情况并不像大陆会议最初设想的那样，独立之火并未在寒冷的北方大陆形成燎原之势。这倒不是由于加拿大更多地为皑皑白雪所覆盖，而是由于加拿大本身还不具备爆发革命的条件。远离 13 殖民地革命运动的纽芬兰和鲁珀特斯兰根本未受到任何影响。至于距离 13 殖民地独立运动较近的地区在利害关系上也不一致，例如 1763 年《诏谕》中关于关闭西部土地的规定，对他们并未发生任何作用。这些地区虽然同样抱怨英国的殖民统治，但反对独立的势力比较强大。

当时濒临大西洋海岸的英属加拿大殖民地，如新斯科舍面向大海，背倚大陆，慑于英国海军的威力，不敢轻举妄动。它的经济力量很单薄，需要英国市场；在英国"航海条例"的庇护下也能得到一定的利益；作为英国在北美的海军基地，在战争期间为英军提供军需，也是一种有利可图的生意。新斯科舍的居民多数来自新英格兰，虽然对 13 殖民地怀有同情，同新英格兰也有贸易往来，但只是采取审慎的消极中立态度。④并且由于大陆会议咄咄逼人的军事行为，适得其反地引起他们的厌恶情绪。1776 年虽然在考伯兰县发生过一次起义，但仅是短暂的昙花一现。这里生活的法裔居民在政治上

---

① Agnes C. Laut, *Canada: the Empire of the North*, Toronto: Legare Street Press, 1924, p. 298.

② Agnes C. Laut, *Canada: the Empire of the North*, Toronto: Legare Street Press, 1924, p. 281.

③ Albert Bushnell Hart, *The Foundations of American Foreign Policy*, New York: The MacMillan Company, 1901, p. 55.

④ George Woodcock, *A Social History of Canada*, New York: Penguin Group,1989, p. 227.

和经济上抵不过从新英格兰和不列颠移来的居民，在数量上也没有优势，并渐渐被同化。他们对 13 殖民地的独立运动漠不关心。①

　　美英在加拿大进行的侵占与反侵占的斗争主要集中在内陆省魁北克，因为它是一块举足轻重的地方。魁北克的情况很特殊，居民一种是在英国征服北美之前就定居在这里的法兰西人，他们讲法语；另一种是从英伦三岛或从 13 殖民地迁移过来的讲英语的人。英国对魁北克采取了具有怀柔性质的不同化政策。在 13 殖民地独立战争期间，就出现这样有趣的现象：法国政府与美国站在一起，反对英国，但在魁北克的天主教会和上层贵族权势集团都站在英国一方，抵制美国。在魁北克占人口多数的法国人惧怕革命的美国甚至远胜为数不多的英国人。在 1774 年前的 15 年里，新斯科舍和魁北克一直反对英国对加拿大实行大一统的政策，坚持他们自己的分离政策（当然英国也乐得实行"分而治之"的策略），及至 13 殖民地爆发独立战争后，加拿大又抵制美国的大一统策划，可谓第二次抵制。加拿大既不愿让不列颠统而治之，更不愿美国统而并之，因此反对大一统政策多少成了加拿大的一个传统。②

　　加拿大与 13 殖民地存在的政治、经济、宗教等方面的巨大差异，决定了他们不可能形成反英联盟，可是美国对加拿大亲英反美的态度置若罔闻，就是在独立战争结束之后，对合并加拿大的企图仍不泯灭。1782—1783 年巴黎谈判期间，美方代表之一本杰明·富兰克林就向英国特使提出占取整个加拿大的要求。他的理由是，若英国将加拿大割让给美国，可以避免来日重动干戈。③对于这个要求，英国内阁阁员间和英国派往巴黎的谈判代表间曾引起争论，④但最后英国还是加以拒绝。此后，美国对加拿大转强取策略为缓兵之计，即设法保持加拿大门户洞开。用富兰克林的话来说，美国要设法在美加边界上保持一个可供出入的"临街门"。⑤美国外交决策人认为，将

---

　　① J. M. S. Careless, *Canada: A Story of Challenge*, Cambridge, England: Cambridge University Press, 1953, p. 106

　　② Donald Creighton, *Dominion of the North: A History of Canada*, Toronto: McMillan Co., 1958, p. 158.

　　③ William Appleman Williams, *From Colony to Empire: Essays in the History of American Foreign Relations*, New York: J. Wiley, 1972, p. 18.

　　④ Thomas A. Bailey, *A Diplomatic History of the American People*, New York: Appleton Century-Crofts Inc., pp. 27-28.

　　⑤ Richard W. Van Alstyne, *American Diplomacy in Action*, Palo Alto: Stanford University Press, 1947, p. 22.

来一旦国力增强，美国就可随时进入这个门口。当然这个门口只能向美国开放。早在独立战争初期，美国就有这种打算。如大陆会议在 1776 年制订的《条约计划》中，就特别提出设法使法国保证不在北美大陆或其邻近岛屿占据英国的领土。[①]为了获得英国对独立事实的承认，在巴黎谈判中，美国不敢继续坚持对加拿大领土的要求，加美的边界也没有准确的划分。即使是东部的边界也规定得非常粗略，直到 1842 年才得到明确厘定。

在独立战争中，美国未能占领俄亥俄河、大湖区和密西西比河之间的大片内陆土地，因此设法通过巴黎谈判得到它。而英国政府不知这块土地的商业价值，也未曾征询蒙特利尔的英国毛皮商人的意见，就答应将其交给美国。谈判时，双方拟定了一个商约，准许双方商人越界贸易，但终未形成正式文字。加拿大商人对这个谈判结果非常不满，认为英国牺牲了加拿大的利益。所以，在 1783 年《巴黎条约》中英国虽然放弃了大湖区以南的土地，但以债务问题为借口，没有立即撤离在那里设立的由驻军把守的商站。蒙特利尔商人也坚持待在那里，希望有朝一日能重新修改条约。这种情况为日后加美关系的恶化埋下一条导火线。

三、美国独立后的加美关系

美国独立战争后，影响加美关系的第一个重要问题是大批美国移民涌入加拿大，其中多数是"效忠派"。在战争期间，至少有 50 多支效忠派武装参加过支持英国的战斗。这些人也被 13 殖民地人称为"托利党人"。战争结束时，他们的住处被抢劫，财产被没收，不时受到人身攻击。他们感到难以忍受这些报复行动，至少有 10 万名效忠派居民离开美国。他们大多来自美国的弗吉尼亚、宾夕法尼亚、纽约、马萨诸塞和佛蒙特诸州。其中三分之一的人返回不列颠，另一些人移往西印度群岛或西属佛罗里达，其余逃往加拿大。逃至加拿大滨海地带的人约有 3 万，逃至魁北克东部、多伦多以及金斯敦和尼亚加拉一带的人约有 2 万。从纽约和马萨诸塞逃往新斯科舍的人主要是从纽约港出发的，他们得到英国海军船只的支持。逃往魁北克的人为数

---

① Richard W. Van Alstyne, *American Diplomacy in Action*, Palo Alto: Stanford University Press, 1947, p. 13.

不多，约有 1 万。他们多半是从弗吉尼亚和马里兰出发，向北徒步进发。迤逦而行的队伍俨似后来向西移民的情景，只不过在规模上没有那么庞大，而所遇到的气候却很严酷，越往北前进，气候越寒冷。

英国向英属北美殖民地移民真正开始于 1820 年以后。早期移入加拿大的移民，除效忠派和定居下的英国退伍军人外，还有其他美国人。他们主要是为了取得土地而来的。其人数超过效忠派移民。他们大都定居于《1791年宪法法案》①所划定的上加拿大。在 18、19 世纪之交，移往上加拿大的人数还不足 1 万。这批早期移民正是后来英美第二次战争（1812—1814年）中反击美国入侵的骨干力量，也是安大略省的最早奠基人。

美国独立后，美加间发生纠葛的主要问题还是边界问题。根据 1783 年《巴黎条约》，俄亥俄地区被划归美国。但英国认为加拿大西部边陲将会受到新兴美国的威胁，所以迟迟不肯履行和约条款，拖延撤出在俄亥俄地区所设的军事据点。同时，俄亥俄与圣劳伦斯河间的毛皮贸易联系密切，且时有摩擦。英国政府既不愿放弃有利可图的毛皮贸易，加拿大商人也不愿倒向美国，易洛魁印第安人更不愿归顺美国。更重要的是英国企图利用印第安人作为阻隔美国入侵的屏障。他们提供给印第安人的枪支物品的价值，远远超过毛皮价值。②英国希望武装起来的印第安人在未来英美冲突时能站在英国方面。因此英国便以要求履行 1783 年《巴黎条约》中所规定的美国清还效忠派财产的条文为借口，拖延撤出大湖区边境上驻有兵士的贸易站。

边界线上这种悬而不决的状态一直持续到 18 世纪 90 年代中期。美国唯恐英国唆使印第安人对它开展袭击活动，英国也害怕印第安人果真被美国激怒而受到拖累，双方都在印第安人这张牌上打主意。英国委派的加拿大总督道契斯特勋爵（Dochester）曾一度想在美国与上加拿大间建立一个印第安人隔离区，借以保护上加拿大。但美国予以反对，却一心武力夺取俄亥俄河以北地区。1794 年美国最后在法伦廷斯战役中打败了印第安人，俄亥俄以

---

① 美国独立后，英国在加拿大进一步推行"分而治之"的政策。英国殖民者认为，殖民地分得越小，越易于统治。1791 年英国议会制订的《宪法法案》以渥太华河为界，将魁北克一分为二，河西为上加拿大（今安大略），居民操英语，采用英国法律；河东为下加拿大（今魁北克），居民操法语，保存1774 年《魁北克法案》所允许保留的权力。英国的"分而治之"的策略在当时抵御了美国入侵的威胁，却为以后上、下加拿大间的矛盾埋下伏因。上、下加拿大后来成为英属北美殖民地中最发达的省份。从一定意义上讲，加拿大行省的建制是在美加边界纷争与对峙中逐渐形成的。

② Richard W. Van Alstyne, *American Diplomacy in Action*, Palo Alto: Stanford University Press, 1947, p. 84.

北地区落入美国人手中，道契斯特的计划便落空了。

在英美关系日趋紧张的形势下，美国感到本身力量还很软弱，国内也不团结，西南部尚有芒刺在背的西班牙殖民地（佛罗里达），若再卷入与印第安人的冲突而与英国作战，恐怕对己不利。1794 年美国总统乔治·华盛顿终于决定派遣最高法院首席法官约翰·杰伊（John Jay）赴英进行谈判。11 月 19 日英美签订了《杰伊条约》。

《杰伊条约》中并无新的内容。英国只不过答应在 1796 年撤走美国西北部各军事商站，以及美国船只对英属西印度群岛享有有限的贸易权利。英国的毛皮贸易并未受到任何损失，因为印第安人仍然越境与英国商人进行交易，而英国人也深入大湖区以南地带①收购毛皮，继续保持与印第安人的和睦关系，以便来日在同美国发生冲突时利用他们。谈判时，杰伊拒绝了英国要求改划美国西北部边界，以便加拿大有一条通往今圣保罗（在今明尼苏达州东南部密西西比河畔）的走廊。杰伊还拒绝了英国关于建立印第安人卫星国的建议。《杰伊条约》进一步保证了美国领土的完整，为后来向西扩张奠定了外部条件。其他一些悬案如缅因州和新不伦瑞克的边界争执等均被推到几个混合委员会去处理。不过，在俄亥俄地区，美国毛皮商人竭力排挤英国商人，英美矛盾有增无已。

进入 19 世纪，美国对大湖区以南美国境内的印第安人加紧攻击。1805 年印第安领地总督威廉·哈里森（William Harrison）率兵占领了俄亥俄河与沃巴什河之间的土地。这时印第安人肖尼部落首领特库姆塞（Tecumseh）为抵御进犯，联合西部印第安人各部落，形成联盟，于 1808 年在沃巴什河与莫米河之间的蒂普卡努建立据点。1811 年哈里森率军 1000 人击败特库姆塞，把印第安人赶进沼泽地带，并摧毁了他们的村庄。蒂普卡努战役中攻击的对象虽然是印第安人，但实际争夺的却是靠近美国北方边界的土地。这预示着另一次英美冲突即将来临。在英国的拉拢和引诱以及美国的步步紧逼下，印第安人企图利用迫在眉睫的英美冲突，自谋求生出路的幻想也彻底破灭了。

在海上英美冲突也在增加。这时断断续续的以英国为主的欧洲反法联盟与法国的战争日见激烈。1802 年后，英国与法国间展开了海上封锁与反封锁的斗争。英国海军在公海上强行登上美国商船，搜捕被认为是英国水兵的

---

① 1803 年美国从拿破仑手中买得。

美国海员。对此美国不断提出抗议。1807 年 6 月，英国海军居然在距弗吉尼亚海岸 10 英里处的内海要求搜查美国军舰，双方发生战斗。海上军事冲突以及随后美国连续颁布的禁运法令，更使英美关系趋于紧张。但在英国控制海洋的情况下，美国不得不避开在海上同英国发生对抗，便从陆地把军事进攻矛头直接指向加拿大。这时美国到处响起了"向加拿大进发！""瞧瞧沃巴什，瞧瞧被强征的海员"①等战争叫嚣。当时美国人称那些叫喊征服加拿大的人为"战鹰"，其中以身任众议院议长职位的亨利·克莱（Henry Clay）最为知名。1811 年克莱声言要"从美洲大陆上把不列颠人赶走"②。他还说，"我不要在魁北克就停下来，我要的是整个加拿大"③。

四、第二次英美战争时期的加美关系

1812 年 6 月 18 日美国对英宣战，开始了长达两年多的战争。这是英美继 1775—1783 年战争后第二次军事较量，也是美国企图使用武力兼并加拿大的第二次尝试。美国自华盛顿以来的对外政策是保持"中立"地位，避免卷入欧洲的纠纷，借此争取时间，改善美国国力，让欧洲战乱纠纷为美国利益服务。这次战争就是美国趁英国在欧洲正忙于反拿破仑战争之机，从背后向英国捅上一刀，借以兼并加拿大。因此，美国是战争的主动出击者，加拿大则是被动防御者。战争前期，战事是美国陆军在加拿大领土上进行的。直到 1814 年 4 月英国在欧洲反拿破仑战争中取得初胜，英海军腾出力量后，战斗才转到美国本土。战争初起时，英国在加拿大的兵力相当薄弱，援军又一时难以调到，美国则采取进攻的战略。只是由于美军指挥不当和力量分散，加拿大才得以避免一击即溃。

战争中，英属北美殖民地中受到英国海军足够保护的濒大西洋诸省不愿贸然进犯美国新英格兰，只是在海上进行劫掠美国船只的活动。而暴露于英

---

① Thomas A. Bailey, *A Diplomatic History of the American People*, New York: Appleton Century-Crofts Inc., 1942, p. 130.

② John D. Hicks, *The Federal Union: A History of the United States to 1865*, Boston: Houghton Mifflin,1937, p. 301.

③ Richard W. Van Alstyne, *American Diplomacy in Action*, Palo Alto: Stanford University Press, 1947, p. 82.

国海军威胁下的美国新英格兰各州也不肯直接攻击英属北美殖民地的沿海地区，避免失去海上贸易，并一直抱怨这场战争对他们不利。①鉴于这种情况，美国首先选择进攻下加拿大，企图在切断上、下加拿大的联系后，进而攻入其主要目标上加拿大。在陆地作战对美国更为有利。当时美国应征正规军 7000 人，入伍民兵 70 万人。由于英国主力正在欧洲进行"半岛战役"，在北美的英国正规军还不到 5000 人，而且上加拿大离美国西部较近，英国在那里的兵力更少。

美国攻占加拿大的军队由三支组成。第一支是由密执安准州总督威廉·赫尔（William Hull）率领。他的任务是从底特律攻进上加拿大。第二支是由亨利·迪尔伯恩（Henry Dearborn）中将率领。他的任务是经尚普兰湖一线北上，进攻蒙特利尔。第三支是由斯蒂芬·凡伦塞勒率领的纽约民兵，负责进攻尼亚加拉的英军。

美军出师不利，迭次受挫。赫尔跨过底特律河后，因特库姆塞率众协同英军作战，遂不敢恋战，退守底特律，被上加拿大副总督伊萨克·布拉克（Isaac Blake）将军所部团团围住。8 月 16 日，赫尔投降。接着布拉克移兵尼亚加拉。10 月 13 日英美两军战斗中，布拉克被击毙，但凡伦塞勒不愿越尼亚加拉河乘胜出击，过河的美军被包围，弃械投降。被指令进攻蒙特利尔的亨利·迪尔伯恩行动迟缓，至 11 月才向北进军，抵达边界，但当闻知英军迎战的消息后，便退回纽约。到1812 年底美军全线失利。

1813 年美军在新统帅威廉·哈里森率领下发动新的进攻，在 1 月吃了一次败仗，但 10 月在泰晤士河获得大捷。特库姆塞被击毙，美军夺回底特律。印第安人联盟瓦解后，加拿大西南边疆地带落入美国控制之下。4 月，迪尔伯恩将军率军攻入上加拿大省府约克，纵火烧毁城内议会厅。但在英正规军、民兵和印第安人合击下，美军不得不退下阵来。在尼亚加拉一线，双方均有伤亡。12 月底，英军终于占取了尼亚加拉堡垒。美军第二次向蒙特利尔的攻击又未成功。

1814 年英军发动反攻，把战争推向美国本土。这是英国配合在欧洲合击拿破仑的有计划的行动。4 月拿破仑退位后，英国才腾出手来，向加拿大调遣军队，并扩大和加强海军以对美国大西洋沿岸进行封锁。英国陆军计划

---

① 如新英格兰人拒绝在军队中服兵役。他们宁可购买不列颠公债，也不购买美国公债。他们对待新斯科舍和新不伦瑞克就像对待中立国一样，仍然与其保持贸易关系。1814 年底，新英格兰数州曾于康涅狄克州的哈特福德举行反战会议。

从 3 个地点相继攻入美国：尼亚加拉、尚普兰湖和新奥尔良。英军同时进袭弗吉尼亚的切萨皮克湾，8 月沿帕塔克森特河两岸前进，行军 5 日，未见美军，径直开向美国首都华盛顿。24 日英军逼近华盛顿时，美国总统詹姆斯·麦迪逊（James Madison）和一些阁员还去观战。但美军一击即溃，麦迪逊仓皇逃脱。英军军官进入白宫，享用了麦迪逊来不及吃的晚餐。华盛顿的公共建筑大部分被英军烧毁。[①]这是英军对美军烧毁上加拿大首府约克建筑物的报复。纵火后，英军撤离华盛顿。在尚普兰一线，英军同时进攻美国，但为美军所击退。7 月间，美军跨过尼亚加拉河，进入加拿大，取得小胜，但得知英国援军到达的消息后，遂渡河退回。

英军进攻新奥尔良的目的是封锁密西西比河河口，以此迫使美国不敢进犯加拿大本土。但这支英军于 1815 年 1 月被安德鲁·杰克逊（Andrew Jackson）率领的美军击败。由于当时信息传递缓慢，这次战役实际上发生在英美于比利时签订《根特条约》两周之后。本来英国拟派新胜拿破仑的韦林顿公爵（Wellington）率兵去美增援，但他认为，派遣远征军去进行一场"胜负不决"的战争是不值得的，并认为英军最大的弱点是不能掌握大湖区，所以他主张议和。

1814 年《根特条约》只是恢复了战前的原状。有些战前争执问题已烟消云散了，如英国强征美国水兵问题未予讨论，关于大湖区以西的边界等有争议的问题也被搁置起来，推到以后解决。美国的独立地位得到英国的认真承认。"战鹰"们征服加拿大的图谋未能实现。此后在英国海军力量进一步加强的情况下，[②]美国再没有用武力占领加拿大的机会，从北美逐出英国的希望更加渺茫。美国人虽然在此后还不断发出类似"战鹰"们的大呼小叫，但仅此而已，终究是徒劳的威胁。

1812—1814 年战争结束时，英国经济比较困难。断断续续长达 20 多年的反法战争使英国国库空虚，无力再在加拿大防务上拨款，所以未能把加强大湖区防务或加强印第安人部落的力量以抵御美国军事入侵等事列入议事日程。而年轻的美利坚合众国一方面不敢向英国海军挑战，另一方面也需要工

---

① Crane Brinton, *The United States and Britain*, Cambridge: Harvard University Press, 1945, p. 125.

② 1815 年维也纳会议上，英国保住了西印度群岛的圣卢西斯岛，在北海占取了赫利戈兰，在南非占取了开普殖民地，在地中海占取了马耳他岛和伊奥尼亚群岛，在东方占取了锡兰、毛里求斯等。1819 年进而占领了新加坡，1839 年占领了亚丁。至第一次世界大战时，英国海军盘踞海洋的霸主地位达一个世纪之久。

业革命新兴的英国在经济上的支持，所以也不愿随意对加拿大动武。同时加拿大人感到本土的南方进一步暴露在入侵者的阴影之下，因此愤怒宗主国英国的退却策略，并增强了他们依靠自己的力量来保卫国土的愿望。随着加拿大经济的发展，不列颠移民开始增加，冲淡了原由美国新英格兰迁入的移民的势力，加拿大更宁肯作为殖民地留在不列颠统治之下，而不愿为美国所吞并。

　　"七年战争"后，加拿大和美国在社会、政治和经济等方面差异很大。美国摆脱了英国的殖民统治后，这种差异更加扩大。美国两度用武力兼并加拿大的图谋，也均落空。这一时期加美关系开始表现为英国、美国和加拿大的三角纠结关系。这种错综复杂的格局一直延续了很长时间，达一个半世纪之久。但是，1814 年底安德鲁·杰克逊在新奥尔良的进攻得胜，预示着此后美国的扩张方向暂不向北，而是向南、向西了，即它进攻的对象是衰落的西班牙的殖民地，而不是以强大海军为后盾的英属北美殖民地，直到 19 世纪 40 年代，在兼并墨西哥的得克萨斯（1845 年）与发动美墨战争（1847—1848 年）的间隙，美国才转过头来，占取了加拿大西南方大片加美间长期悬而未决的领土——俄勒冈（1846 年）。就加美关系来说，不幸的是两国初期关系是在两次武打中开始的；幸运的是，在 1812—1814 年战争帷幕降下后，再没有重新拉起过。

　　思考题：

　　（1）"七年战争"后，英国对加拿大采取何种殖民统治政策，以牵制 13 殖民地的反抗斗争？

　　（2）美国独立后至 1814 年期间，英国对加拿大采取何种殖民政策，以抵御美国入侵或入侵威胁？

　　（3）毛皮贸易在英美早期北美角逐中所起的作用为何？

　　（4）英国在争夺北美领土中如何利用印第安人的？

　　（5）在早期美国两次武装入侵下，加拿大为何未被征服？

第二章　19世纪前期加美关系（1815—1865年）

　　加拿大与美国的关系具有明显的阶段性。在美国反对英国殖民统治、争取独立的战争和1812—1814年美英第二次战争期间，美国都曾试图以武力占取加拿大，但均未成功。结束1812—1814年美英战争的《根特条约》（1814年），制止了美国使用武力鲸吞加拿大的企图，开辟了加美关系的相对稳定时期。这个时期止于1865年美国内战结束之时。

一、相对稳定格局产生的原因

　　相对稳定时期的特点是，1812—1814年战争所遗留下的加美争执问题，是通过历时半个世纪的谈判而解决的，其间虽然也发生过军事摩擦与战争威胁，但并未爆发过大规模的武装冲突。出现相对稳定局面的原因如下。

　　第一，1812—1814年战争证明，年轻的美国敌不过强大的英国海军，美国在陆地上的优势被英国的海上优势制约。1815年后，英国海军更加强盛，美国无法与之抗衡。在英国海军的庇护下，加拿大的国防安全得以维系。从一定意义上说，英国海军既是隔开新旧世界的力量，又是保护加拿大免受美国侵犯的盾牌，起到威慑美国的作用。即使在美国内战期间，南部同盟政府以英国港口为基地，袭击北方的城镇，劫掠北方的船只，联邦政府也未敢进军加拿大，向英国海军挑战。

　　第二，美国主张向加拿大扩张的势力，受到蓄奴州的反对。进入19世纪后，一度衰落的美国种植园奴隶制经济日见增长。随着欧洲纺织业的发展，美国棉花种植业日趋兴旺，奴隶制不断扩展。南部奴隶主与北部工商业资产阶级间关于西部土地以及在中央政府中权力分配之争愈演愈烈。这表现在自由州和蓄奴州的建制、铁路的修筑、关税税率的厘定、中央银行的设立和逃奴等问题上。19 世纪 30 年代奴隶主势力在联邦政府中开始加强。这种情况制约了北方资产阶级夺取加拿大这块已经废除奴隶制的土地的图谋。尽管"显明天命"的鼓吹者时时发出兼并加拿大的呼声，但终因美国国内自由州和蓄奴州间微妙的平衡作用，兼并活动不得畅行无阻。

第三，美国在经济上对英国的依赖，控制其向加拿大进犯的势头。19 世纪上半叶，随着经济的发展，美国既缺乏劳动力，更缺乏可供发展的资本，在交通、工业、贸易诸方面都需要英国的投资。如 1820 年时各州尚未负债务，但到 1838 年时负债已达 1 亿 7000 万美元，到 1842 年则高达 2 亿美元，其中几乎全部来自外国投资者，而英国人投资数量竟占半数以上。发行公债所积累的资金主要用于公共工程，如开凿运河、建筑公路、兴修铁路等。1831 年美国发生经济恐慌，各州统统赖债。外国投资者所受损失不下 4000 万美元之巨，其中英国占的份额最大。在美国出口贸易中，棉花逐步占据首要位置。19 世纪 50 年代末，美国运往英国棉花的数量，远多于法、比、德、意等国。[①]由上述事例可以看出美国经济仰仗英国支撑的程度。这种情况使得美国不肯轻易向加拿大使用武力。

第四，美国扩张矛头的转向，减轻了加拿大所受的威胁。1812—1814 年战争中，美国向加拿大扩张的活动受到打击，战后遂转向东南方、西南方和西方。美国南部种植园经济发展的兴旺势头，更助长了其向东南部和西南部扩张的狂澜。在美国大陆扩张中，首当其冲的是西班牙在北美的殖民地[②]，以及不久前挣脱西班牙殖民统治的中美洲国家。而 1823 年美国总统门罗发表的后来演变为门罗主义的国会咨文，矛头并未指向加拿大。虽然 1814 年在俄勒冈地区英美双方争执不下，但最终在 1846 年作了有利于美国的解决，因此 19 世纪上半叶在加美边界线上没有发生过大规模武装冲突。

第五，英美在海外的扩张活动，一定程度上缓解了在加拿大问题上的矛盾。当 19 世纪中叶美国向西扩张到太平洋沿岸时，仍继续向西，伸入太平洋和东亚地区。在这种扩张中，美国是作为英国的"小伙伴"从事活动的。美国海军、商人、外交官等尾随英国炮舰之后分享"利益均沾"。另外，这

---

① 路易斯·M.哈克：《美国资本主义的胜利》，商务印书馆 1946 年中文版，第 180、190 页。
② 1819 年，美国占取西属佛罗里达全部领土，早在 1810 年和 1813 年曾占取西属佛罗里达西部的部分土地。

时英国在海外扩张活动中①，也需要防止美国从背后打出"一锤重击"②，以便保持在同欧洲列强海外角逐中的有利地位。英美在海外扩张中利益的接近，缓和了加美边界矛盾，给加拿大一个躲过猛烈冲击的机会。

二、1812—1814 年战争后面临的争执

加美间由 1812—1814 年战争遗留下的悬而未决的问题，如边界、捕鱼、贸易等，是通过一系列谈判加以解决的。

关于东西向边界问题，是在 19 世纪上半叶解决的③。

首先是关于五大湖的设防问题。《根特条约》之后，加美双方出于互不信任，都开始在湖区营建海军。加拿大的弗朗特南克号于 1816 年在安大略湖下水。两年后，美国为了与之对抗，水上流迹号开始巡航。但是英国在反拿破仑战争中耗资巨大，经济已呈现拮据之势，不愿再在建造新船舰上花费钱财，何况在大湖区上营建船舰，对庞大的英国海军来说，无足轻重。为避免在湖区发生军事冲突，英美代表举行会谈，于 1817 年签订《拉什—巴戈特协定》，确立大湖区不设防原则，规定双方分别在尚普兰湖和安大略湖各留驻百吨级单炮炮艇一艘，在其余大湖上双方各留驻此种炮艇两艘。后来这项非军事化原则延伸到陆地，所以加美间 3000 余英里的边境线为不设防线。这在世界史上是少见的。

在反拿破仑战争之后，英国经济的不景气状况，使它不愿意同美国发生代价昂贵的军备竞争，非军事化安排符合它的利益。美国因羽毛未丰，对加拿大的土地一时尚无力染指。实际上，大湖区非军事化对美国有利，它为美国保留了一个可供出入的"门户"。可是对加拿大来说，其南方却暴露于一个野心勃勃的邻国面前。

继而，英美在 1818 年又签订了一个协约，解决了一些《根特条约》未

---

① 如 1839—1842 年征服阿富汗的战争；1840—1842 年对华进行鸦片战争；1839—1841 年的埃及危机；1856—1860 年第二次鸦片战争；1856—1875 年英伊战争；1857—1859 年印度民族大起义；等等。

② 1813 英国殖民大臣格德里克（Lord Gderick）曾说："一方面我们要使美国不可能对英国袭击，以便保持英国在欧洲的有利地位；同时又不能相信，美国一旦有机会不给我们一锤重击。"（参见 Kenneth Bourne, *Britain and the Balance of Power in North America 1815-1908*, Los Angeles: University of California Press, 1967, p. 409.）

③ 只有阿拉斯加与加拿大的南北向边界纠纷是在 20 世纪初解决的。

决事宜。协约规定，加美中段边界是从圣劳伦斯河上游 45° 处溯流穿越安大略湖、伊利湖、休伦湖、苏圣马丽（在休伦湖和苏必利尔湖之间）、苏必利尔湖和伍兹湖，再从伍兹湖沿北纬 49° 划至落基山巅。确定这条边界的一个重要意义是，对 1803 年"路易斯安那购买"涉及的北部边界问题，英美取得了"共识"①。但协约对落基山以西的边界线未加确定，只规定俄勒冈地区为英美共同占有，对双方开放 10 年②。

除了伍兹湖以西的划界问题外，1813 年美英争议的问题还有渔业问题和密西西比河上的航行问题。1814 年《根特条约》中，英美对渔业问题未作出新的安排。美国认为，在 1783 年条约中美国人的捕鱼问题已得到认可，无须重新确认，而英国人认为，正如 1812—1814 年战争使英国失去在密西西比河上的航行权一样，美国人的捕鱼权利也应为战争所勾销。在这次谈判中，英国放弃了在密西西比河上航行的要求，美国的捕鱼区也没有扩大，反而缩小了《巴黎条约》中规定的美国在纽芬兰和拉布拉多半岛沿海捕鱼和在海岸晒鱼的范围，所以关于渔业作业区问题的解决只是暂时的。此后，在英国管辖的水域中，渔业作业区的争执及英国缉捕美国渔船之事时有发生。1910 年海牙法庭的裁决才解决了这个问题。1818 年协约还将 1815 年签订的英美商约延续了 10 年。关于 1812—1814 年战争中英军带走的黑人奴隶问题，究竟用赔偿还是遣返方式解决，争论不休，最后双方同意由友好国家进行仲裁。（1822 年俄国作出予以赔偿的裁决，1826 年美方表示接受具体赔偿数额）

1818 年协约的订立一时缓和了加美间的关系。其实当时缓和状态的出现不仅在于协约的缔结，同样重要的原因是，在 1812—1814 年战争后，美国把扩张矛头转向南方，直指西班牙的美洲属地。首先美国于 1819 年兼并了整个佛罗里达，接着于 1823 年美国总统詹姆斯·门罗（James Monroe）用咨文形式发表了门罗宣言，开始把新近从西班牙殖民统治下争得独立的拉丁美洲诸国，特别是中美洲和加勒比海地区，置于后来发展为门罗主义的铁箍之下。如果说门罗宣言出自门罗之口，毋宁说出自英国的构思。由于凭借英国海军的力量，美国才敢单独发表这个宣言，以抵制欧洲国家对拉美的干预，因此这个宣言的矛头并未指向加拿大。在这一点上，英美双方是默契

① William Appleman Williams, *From Colony to Empire: Essays in the History of American Foreign Relations*, New York: J. Wiley, 1972, p. 18.

② 1827 年双方又协议将原"自由出入"的规定无限期延长。若废约，须在一年前通知对方。

的。1826 年，刚刚独立的拉美诸国在巴拿马举行会议时，美国虽然接到邀请，但姗姗来迟，原因是唯恐开罪英国。

三、30 和 40 年代的纠纷

到 19 世纪 30 年代，加美边界上又发生了新的争端。

1837 年英美都发生了经济危机，上、下加拿大的经济受到影响，两省农业歉收，民生艰难。加拿大人的反英情绪增加。1837 年下加拿大省的路易斯·约瑟夫·帕皮诺率众起义，企图在圣劳伦斯河下游建立共和国。同年，在上加拿大威廉·里昂·麦肯齐也举行起义，反对被称为"家族集团"的少数特权阶层①。而且上、下加拿大与毗邻的美国相比，较不富裕。加拿大人把这种差异归咎于英国的统治。起义者时常到美国一侧去组织队伍。例如，在东部边境出现名为"猎手"和"追捕手"的组织。从美国佛蒙特州到密执安州沿国境线分布有许多"猎手舍"。1837 年底，麦肯齐（Mackenzie）雇用的运送军火的船只加罗林号在边界线美国一侧被英方捕获，并被焚毁。这一事件激怒美国人，遂把加拿大船只罗伯特·比尔爵士号击沉。1839 年，起义者在美国克里夫兰举行的一次会议上，居然建立起一个加拿大共和国政府，并准备建立一支正规军②，但他们进行的边界骚扰，均为英军击败。一些起义者被处死，另有 140 余人被逐放到澳大利亚。

1837 年起义引起英国政府的惊恐。摆在英国面前的问题是，若不让加拿大迟早被美国并吞，就得设法把加拿大纳入英国议会制体系，同时加强加拿大自身抵制美国的能力。

1840 年英国议会通过《联合法案》，开始放弃一贯使用的"分而治之"的策略，把上、下加拿大联合起来，设立了一个联合省议会。二省各选派相等数目的议员，而不是按人口比例决定代表数量，由皇家任命的总督承认由议会中多数组成的内阁。内阁向议会负责。在加拿大发展史上，这是一个很大的政治变革。

英国政府采取这种举措的目的在于：第一，增强英裔居民的势力，以对

---

① 皇室和英国国教各占上加拿大 1/7 土地，用以支付政府和教会的开支。

② Edgar McInnis, *Canada: A Political and Social History*, Toronto: Rinehart and Company Inc., 1982, p. 281.

付不够驯服的法裔居民，并抑制要求独立的势头；第二，加强加拿大力量，阻止美国的兼并图谋。联合后，加拿大推行了一系列改革措施，如废除旧的刑事法，改进司法行政制度，建立市政府，订立教育法，开始设施公共工程等。的确，上、下加拿大的联合使美国并吞加拿大的希望更加渺茫了，但却加深了法裔和英裔居民关于政治经济分权的争执。人口占多数的原下加拿大不满意相等数目代表名额的规定，更增加其对立情绪。

1837 年起义也激起了美国缅因州与加拿大的边界纠纷。在这里，长期不断的冲突于 1839 年又爆发了。

1783 年条约所规定的不确切的东部分界是冲突的根由。早在 1823 年英美双方就曾将此事提交荷兰国王仲裁。1831 年荷兰国王作出裁决，但又为美国国会否决。1839 年 2 月，一个加拿大伐木工人小组进入有争议的地区作业，缅因州遂召集民兵，新斯科舍议会投票拨出作战款项，新不伦瑞克也召集了民兵。在这种剑拔弩张的情况下，英美双方开始了谈判，暂时把危机平息下去，但任何具体问题都没有解决。

英美关于划分加拿大和缅因州的边界纠纷直至 1842 年《韦伯斯特—阿什伯顿条约》才得到明确的解决。根据这个条约，对于有争议的地区，5/12 划入加拿大，7/12 划归美国。从这片双方有争议的 12000 平方英里（1 平方英里≈2.590 平方公里）的荒原中，美国分得 7000 平方英里，而加拿大取得了圣劳伦斯河右岸，从哈利法克斯到魁北克那条重要的通道。双方还协议沿北纬 45°一线作些领土调整，对涉及康涅狄格河确切发源地的佛蒙特州边界以及伍兹湖与苏必利尔湖之间的地区也作了调整。条约关于内河航运、引渡逃犯与禁止奴隶贸易等也作了规定。

《韦伯斯特—阿什伯顿条约》调整了东起缅因州、西至大湖区西端的漫长的加美国界。从地理上说，它是加美边界条约中最确实、最重要的一个；从时间上说，它解决了自 1783 年起历时 59 年的东部和中部的边界争执。这个条约的订立主要由于 1837 年加拿大起义事件的促进，但顺利完成却得力于阿什伯顿（Ashburton）。他是一个英国财界巨头，也是一个政治活动家。他在美国政界有广泛的联系，与美国国务卿丹尼尔·韦伯斯特（Daniel Webster）也过往甚密。他们举行的是非正式的交谈，对过去制定的测量图表未予详审，也未留下详细的会谈纪要，交换条件只不过是一次公开例行的公事。阿什伯顿利用美国向西实现急剧扩张版图后，调整国家内部权力矛盾之机，把加美东部和中部边界确定下来。

但一波方平，一波又起。1842 年条约之后不久，英美关于俄勒冈地区的冲突又发生了。

1805 年 11 月，从美国圣路易斯出发的刘易斯—克拉克探险队在哥伦比亚河口附近抵达太平洋岸，创造了美国日后插足俄勒冈的借口。1819 年 2 月 22 日美国国务卿约翰·昆西·亚当斯（John Quincy Adams）与西班牙驻美公使路易斯·德奥尼斯（Luis de Onís）订立的横跨大陆划分领土的条约，对于美国要求占领俄勒冈更加有利。1845 年，一批叫嚷兼并得克萨斯和自称建立"青年美国"的美国人，要求把英国人赶出北美大陆。这一运动跟当时的"天定命运"的呼声相互呼应，形成一股要求向俄勒冈扩张的潮流。甚至美国总统詹姆斯·波尔克（James Polk）也宣称："在未来，我们将不允许任何欧洲殖民地或自治领在北美大陆任何地方出现或建立。"①"（北纬）54°40′，不然就开仗"的喧叫高涨一时。

加拿大和美国向西扩张是平行进行的。从事毛皮贸易的哈德逊湾公司是加拿大向西拓殖的引路人。早在 1825 年，哈德逊湾公司就在最西部的温哥华建立商站堡垒。在美国威胁占领俄勒冈的情势下，1845 年商站由哥伦比亚河上的温哥华堡移至温哥华岛，以示戒备。加美西部边界危机一触即发。但是最后双方还是用仲裁手段解决了边界问题。经过谈判，双方于 1846 年订立条约，确定以北纬 49°为准向西划至太平洋岸，加拿大只保留温哥华在北纬 49°以南的那一小部分。从地理上看，北美的山脉是北南走向，因此，对南北相向的加美两国来说，除湖泊外，不存在任何天然阻隔。加美漫长的东西向边界线的勘划过程断断续续经历了 60 多年才完成②。回顾每次划界，美国大都是赢家，加拿大或多或少要让出一些土地。

从国际环境看，俄勒冈划界问题之所以能得到解决，主要由于英美双方都遇到困难，不得不放弃争端。美国同墨西哥的关系日趋紧张，不愿轻易同英国发生武力对抗。英国也面临一系列困难问题，如对中国发动的鸦片战争结束不久，而同新西兰摩尔人的战争即将发生，同印度塞克教徒的战争业已开始，爱尔兰农业危机特别是马铃薯的歉收引起了经济萧条，谷物法的取消触发政治动荡。这一切都使英国无力顾及俄勒冈问题，在划界问题上不得不

---

① Thomas A. Bailey, *A Diplomatic History of the American People*, New York: Appleton Century-Crofts Inc., 1942, p. 238.

② 若计 1903 年阿拉斯加与加拿大的南北向边界线的划定，美加划界过程断断续续历时近 120 年，边界线总长为 3000 英里。

退让。

　　19 世纪 40 年代是美国向西扩张最猛烈的时期。除 1846 年从英国手中获得俄勒冈外，还在 1845 年兼并了得克萨斯，在 1846—1848 年美墨战争中占领了原属墨西哥的广大西部土地（即今加利福尼亚州、内华达州、犹他州，以及科罗拉多州、亚利桑那州和新墨西哥州的一部分）。这期间，为了阻止美国过度扩张，借以保护加拿大的安全，英国曾试图实行"遏制"政策。如 1836 年在美国移民的鼓动下，得克萨斯脱离墨西哥，宣布建立"孤星共和国"时，英法为了不使得克萨斯将来落入美国之手，遂宣布承认得克萨斯独立，并与之订立友好通商条约。当时英国外交大臣帕墨斯顿在下院宣称，他决不允许美国兼并得克萨斯①。1844 年 5 月英国又向法国、墨西哥、得克萨斯、美国提出共同保证孤星共和国独立和边界完整的建议。此举虽未成功，但英国于翌年 5 月仍建议墨西哥承认得克萨斯独立，同时建议得克萨斯不与任何国家实行联合，试图在美墨之间建立一条隔离带。但当同年 12 月得克萨斯作为第 28 州加入美国联邦时，英国的"遏制"政策遂告破产。英国在限制美国兼并得克萨斯的活动失败后，又设法阻止美国向南扩张的势头。其目的不仅在于保护其在中美洲和加勒比海的政治经济利益，还在于减轻加拿大所受的威胁。在美墨战争爆发 6 个月后，即于 1846 年 12 月，美国同新格拉纳达（即后来的哥伦比亚）签订条约，获得开筑运河的特权。1849 年英国即派遣亨利·利顿·布尔沃（Henry Lytton Bulwer）赴美，与美国国务卿约翰·M.克莱顿（John Middleton Clayton）举行谈判。1850 年 4 月 19 日《克莱顿—布尔沃条约》最后签订。英美双方保证对"中美洲任何地方"不进行"占领"，不进行"殖民"，不进行"控制"。美国答应放弃在中美洲开筑独家控制的运河。英国这次外交的胜利，大大安抚了忧心忡忡的加拿大。英国坚持这个条约达 60 年之久，到 1901 年才予以放弃。

　　40 年代，加拿大发生经济危机。1846 年英国废除了谷物法，②使作为英国小麦供应国的加拿大处于不利地位，尤其对面粉业和运输业的打击最大。一些蒙特利尔商人提出与美国合并的主张。他们认为，合并可以使他们

---

①　Ephraim Douglass Adams, *British Interests and Activities in Texas, 1838-1846*, Baltimore: The Johns Hopkins Press, 1916, pp. 29-30.

②英国为了保护本国农业主的利益，曾不断提高谷物的进口税率。1815 年谷物法规定，除非国内谷物价格平均维持在每夸脱 80 先令，外国谷物特别是小麦限制入口。1822 年改为每夸脱 70 先令。1846 年英国自由贸易派在议会通过了取消谷物法的法案 。

得到许多利益，如可获得较高的粮食售价，减少进口产品的费用，从美国得到发展工业和运输业的投资等，这是一种潜在的消极势力。1846 年一个名叫威廉·哈密尔顿·摩里特（William Hamiliton Moritz）的经营面粉业和运输业的加拿大资本家就倡议同美国建立互惠贸易关系，以抵消要求合并的势力。这类观点在加拿大占了上风，使其国内贸易政策改弦更张。是年，英美双方就互惠贸易开始谈判，但总无结果。

另外，虽然美国方面从 1818 年协约中获得了纽芬兰和拉布拉多沿岸的捕鱼权，但关于作业区范围问题，双方时有纠纷，这也是加美关系中的一个隐患。1852 年英方派遣一支海军干预发生在加美渔业作业区内的纠纷，美方随即也派出一艘军舰。实际上双方也只是表示一种动武姿态，最后偃旗息鼓，同意协调解决，考虑订立互惠条约。

四、1854 年加美互惠贸易条约

到 19 世纪 50 年代，加拿大已多年失去向英国输出小麦的有利可图地位，经济损失巨大，希望增加加美贸易予以补偿；另外，上、下加拿大的联合也增加了加拿大的力量，因此在加拿大要求同美国合并的鼓噪日渐消失。甚至 1837 年领导上加拿大起义的威廉·里昂·麦肯齐（William Lyon Mackenzie）也从美国返回加拿大，放弃了与美国合并的想法。这时在美国南部主张蓄奴制的种植园主与北部工商业资产阶级的矛盾也愈演愈烈，已达到白热化程度。他们双方出于各自的政治打算，也倾向同加拿大订立互惠贸易条约。北部工商业资产阶级认为，这个条约是"迈向兼并的第一个步骤"，而南方奴隶主认为，这个条约"可缓和加拿大的经济困难，从而抵消某些加拿大人欲与美国合并的要求"①。

1854 年加拿大总督埃尔金勋爵（Lord Elgin）促成互惠贸易条约的订定。当英美俄勒冈问题关系变得紧张时，一个军人卡思卡特勋爵（Lord Cathcart）被任命为加拿大总督（1845—1847 年）。俄勒冈问题解决后，文职官员埃尔金勋爵继任总督（1847—1854 年）。埃尔金在加拿大推行了一

---

① Thomas A. Bailey, *A Diplomatic History of the American People*, New York: Appleton Century-Crofts Inc., 1942, p. 297.

系列内政改革，如教士土地的世俗化，取消领主土地保有权，大赦 1837 年起义者等。埃尔金并认为，避免美国兼并威胁、振兴加拿大经济的最可靠的途径是，获取南方邻国的市场。英国过去曾多次设法与美国进行接触，商讨加美互惠贸易，终因美国贸易保护主义者的阻挠而告吹。埃尔金巧妙地完成了他的计划。埃尔金认为，他手中有两个用以吸引美国的果饵。一个是允许五大湖区的美国船只通过圣劳伦斯河出海，另一个是允许美国渔民在加拿大东部滨海各省近海岸区作业。前一个举措可以得到美国中西部的拥护；后一个举措可以得到新英格兰的支持。埃尔金在华盛顿施展外交手腕，同美国各界特别同美国参议院成员广泛交游。他的秘书曾形象地说："在一个熟练的外交家的手中，饮料不是没有它的价值的。"①

1854 年条约规定，对于农作物、鱼类、木材（不包括工业品）双方免税，美国渔船可在新不伦瑞克、新斯科舍与爱德华太子岛沿岸捕鱼。英国"臣民"可在美国沿岸直至北纬 36°处（即不包括佛罗里达渔场）捕鱼。条约还规定，美船可在圣劳伦斯运河航行。条约期限为 10 年。在条约中，美国不坚持在工业品贸易方面实行减税或免税为交换条件，并同意对加拿大渔产品、农产品实行免税。此后，美国曾试图推行这种对外贸易半自由化的安排，如 1859 年曾与墨西哥进行过类似的谈判，但在南北双方矛盾日益激烈的情况下，拟议中的条约内容明显增添了南方奴隶主扩张主义色彩，因而未得成功。

这个条约满足了美国人在加拿大水域捕鱼的要求，虽然也满足了加拿大要求美国免除农、渔、木材产品关税的主张，但同 1818 年协约相比，加拿大方面让步较大。这时加拿大的经济发展虽还不能与美国同日而语，但加美在农、渔业经济上的互惠需求，反映了加美两个相邻国家在经济上的互补关系，亦可视为日后加美经济一体化的滥觞。但是，当时这种经济关系还不稳定。美国内战结束后，由于加美关系步入新的阶段，加美在经济上以及向西平行拓张的竞争日趋激烈。美国认为这个互惠条约对它不利，遂于 1866 年单方宣布废止。加美间第一个互惠条约是在近 70 年之后，即 1935 年才得以实现。②

---

① Thomas A. Bailey, *A Diplomatic History of the American People*, New York: Appleton Century-Crofts Inc., 1942, p. 297.

② Samuel Flagg Bemis, *A Diplomatic History of the United States*, New York: Henry Holt and Co., 1942, p. 803.

五、美国内战期间加美关系

1861 年美国南北内战爆发后，英国站在由种植园奴隶主组织的南部同盟一方，这是英国企图遏制美国向北扩张的最后一次尝试。美国内战开始后，英国就试图联合法国和西班牙向门罗主义实行军事挑战。1861 年 10 月 30 日，英、法、西三国在伦敦开会，订立协定，一致同意组织联合军在墨西哥登陆。在英国提议下，协定中虽然增加了邀请美国参加一款，实际上是以虚词掩饰他们制止美国扩张的企图，其中也包括制止美国向加拿大扩张。联合部队占领了墨西哥的维拉克鲁斯后，由于三国各怀私图，互不信任，遂不欢而散。法国在墨西哥树立了一个傀儡皇帝，英国宣告撤军，西班牙军队改道开往圣多明各。英国不愿为美国南部同盟与美国联邦作战，因为它知道在联邦军中有许多加拿大人服役，这些人不会掉过枪口，向本土开仗。尽管英国声称美国内战不是"内战"而是国际战争，但因种种原因，如国内广大工人阶级反对蓄奴制，始终也未敢放弃中立，公开进行武装干涉。甚至当 1862 年 10 月法国向英国（和俄国）提出美国内战双方停火 6 个月的建议时，英国唯恐法国的干预活动会引起战争而加以拒绝。英国担心的是，假若把美国惹急了，那就等于促使美国进犯加拿大这块易受攻击的帝国腹部。南北内战中，林肯（Abraham Lincoln）对英采取审慎对策，否定了国务卿威廉·亨利·西沃德（William Henry Seward）的与英直接对抗的主张。同时，联邦政府穷于应付同盟军，无暇他顾，因而在美国内战期间，加拿大所受美国入侵的威胁大大减少。

在美国内战期间，英国只在特伦特号事件发生时，一度感到加拿大的安全受到威胁而引起惊惶。1861 年 11 月 8 日美国联邦海军在上校查尔斯·威尔克斯（Charles Wilkes）指挥下，拦截不列颠邮船特伦特号，强行逮捕了两名从哈瓦那出发，分别去英国和法国求援的南部同盟政府的特使。此事发生后，英国立即派兵 8000 人开赴加拿大，同时海军也整装待发。不过这只是戒备行动，并未达到战事一触即发的程度。即使在北方赢得内战胜利之际，虽然西沃德仍叫喊什么"大自然作了这样安排：全部大陆迟早要归入美国联邦的魔力圈之内"①，但他的话也无机兑现。

美国内战结束后，加美在接壤地带两侧各自加速向西扩张，英美在海外扩张的利益也日趋接近，加美关系遂步入一个新的阶段。

思考题：

（1）1812—1814年战争之后，为何加美间未再发生大规模武装冲突？

（2）19世纪前期加美边界纠纷为何？如何解决的？怎样得以解决？

（3）1823年美国总统门罗在致国会的咨文中所宣布的美洲政策原则，为何未针对加拿大？

（4）1854年加美订立了互惠贸易条约的原因是什么？在美国内战后，美国为何废除了这个条约？由此产生若何影响？

（5）在19世纪上半叶，英国对美国扩张势头采取何种"遏制"策略？为何未得成功？

（6）在19世纪上半叶，英国对加拿大采取何种策略，以应对美国的扩张威胁？

---

① Robert Bothwell, *Canada and the United States: The Politics of Partnership*, Toronto: The University of Toronto Press, 1992, p. 3.

第三章 19世纪后期加美关系（1866—1899年）

1865年美国内战结束后，加美关系步入一个新的阶段。这个时期的主要特点是，加美都加速了向西部边疆地带扩张，而这种扩张是以平行方式竞相展开的。

美国加速向西扩张的主要原因是，内战期间工业资产阶级粉碎了南部种植园奴隶制，实现了国内统一市场，为战后工业资本主义的迅猛发展创造了有利的条件。而加拿大加速"西进运动"的主要原因，固然也是由于国内经济发展的需要和推动①，但另一个不可忽视的原因是加拿大努力抵御虎视眈眈的美国攫取其西部领土。美国迅速向西扩张，促使加拿大加紧了向西扩张的步伐。对加拿大来说，这一时期是新生的自治领遭遇重重困难、经受严峻考验的年代。

一、美国内战后加美关系所面临的问题

美国内战给加美关系所造成的紧张因素在战争结束后随即显现出来。第一个信号是1866年美国单方宣布废除1854年加美互惠贸易条约。加拿大农产品失去免税输入美国的权利，而美国新英格兰渔民无视条约的被废除，却深入加拿大近海捕鱼，为此双方经常发生争执。同时，芬尼亚兄弟会从边境美国一侧向加拿大发动的侵犯，也引起加美关系的紧张。芬尼亚兄弟会是19世纪50年代由争取爱尔兰独立的爱尔兰人组成。他们计划以美国为基

---

① 早在19世纪50年代后期，加拿大就兴起向西扩张运动。例如，多伦多《环球报》主编乔治·布朗（George Brown）曾大声疾呼："加拿大商人向西部草原进发。"（参见 Kenneth McNaught, *Canada*, London: Penguin, 1988, p. 117.）

地，进攻加拿大并用激起英美冲突的方式，展开反对英国统治的斗争。他们时时对加拿大边境进行骚扰。美国内战时，许多芬尼亚兄弟会成员在联邦军中服役。战后，他们于1866年和1870年对加拿大发动较大的袭击，使加拿大感到这股力量已构成对其南部的威胁。另外，英美在阿拉斯加与加拿大边界上，就圣胡安群岛的所有权发生争执。这些群岛关系到加美在加拿大温哥华岛与美国华盛顿领地间边界水域的划分问题。此外，英美间有关战争赔偿问题也需解决，例如，美国内战期间英国为南部同盟建造军舰，其中带撞角的铁甲舰亚拉巴马号给联邦造成的损失至大，美国提出亚拉巴马号赔偿要求。这些问题被提交英美双方成立的委员会研究讨论，加拿大总理被允许参加委员会，这是英国第一次让殖民地政府参加外交会议。最后，这些问题在1871年《华盛顿条约》以及后继的仲裁中陆续得到解决。英国答应赔偿亚拉巴马号所造成的损失1550万美元；接受德皇所作的有利于美国的圣胡安群岛划界仲裁；答应拨款补助加拿大修建铁路，以抵偿芬尼亚兄弟会骚扰所造成的损失。美国答应赔偿加拿大因美国渔民过度捕鱼所受的损失。此外，美国还承诺对加拿大所产鱼类和鱼油予以免税，并向加拿大开放美国沿岸渔场，直至北纬39°；答应向加拿大开放密执安湖和阿拉斯加境内三条河流。作为回应，英国则允诺恢复美国在北美殖民地沿岸捕鱼特权，期限为10年①；对美国开放圣劳伦斯河；边境河流互惠待遇；等等。

　　在1871年《华盛顿条约》之后，另一个重要的、解决加美争端的英美仲裁是关于白令海海豹问题。当时海豹皮的价格十分昂贵。当雌海豹游赴近海产仔或携带幼仔出海时，捕猎者便大肆杀戮雌雄海豹。美方船只经常没收加拿大捕海豹船，争执连年不绝，1892年初英美双方在华盛顿达成送交仲裁的条约。1893年一个7人仲裁委员会于巴黎开会，美方败诉。1896年初美国交付加拿大47万余美元，作为任意没收载运海豹的加拿大船只的赔偿。巴黎裁决虽一时平息了事态，但并未从根本上解决问题。此后，加美间恣意捕杀海豹与力禁捕杀海豹的矛盾仍很突出。

　　内战后，美国对加拿大所采取的最具有威胁的举动莫过于阿拉斯加购买了。推动这一政策最有力的人物是提倡扩张主义并在林肯和约翰逊政府连任国务卿（1861—1869年）的威廉·亨利·西沃德。西沃德从19世纪40年

---

① 条约规定，在任一方通知后两年即可废除。美国于1883年发出通知后，此条款于1885年满期。

代末任国会议员后，就竭力提倡向太平洋和东亚扩张政策，只是内战打断了他的策划。内战后，他的第一个野心勃勃的行动就是在 1867 年从沙俄那里买下阿拉斯加。当时反对他的人讽刺他只不过购得了一个"冰箱"，实际上这是西沃德长期扩张计划中的第一个重要步骤。这既是他向太平洋扩张的指示器，也是他从侧翼袭取加拿大西北部、最终从北美拔掉英帝国国旗的具体行动。总之，1865 年后，加美双方尚待解决的纠纷增加了加拿大所担负的压力，尤其美国购得阿拉斯加后更使加拿大忧心忡忡。对于加拿大，美国改变了直接兼并的形式，试着推行在其他地区行之有效的"熟果政策"。

二、加拿大在向西扩张中抵制美国的威胁

美国在加拿大遇到的对手毕竟不是不堪一击的衰落的西班牙，而是执掌世界海军牛耳的英国。虽然美国人不时发出刺耳的兼并喊声①，但他们的企图并不能如愿以偿，反而激起加拿大人的民族主义意识和同仇敌忾的精神。历史发展的进程使美国的熟果政策在加拿大终未得以实现。

英国察觉来自美国的威胁，竭力增强加拿大本身抵御美国的力量，同时加强英裔加拿大人的势力，借以巩固其在加拿大的地位。芬尼亚兄弟会成员对加拿大的袭击更推动了英国给予加拿大以自治政府地位的考虑。1864 年10 月加拿大诸省在魁北克开会，讨论联合问题。1867 年英国议会通过《不列颠北美法案》，建立了加拿大自治领。

《不列颠北美法案》是加拿大一部具有宪法性质的法案。从此，加拿大成为不列颠王国的第一个自治领。在法案中，英国进一步②放弃了早期实施的"分而治之"的策略，把上、下加拿大以及新斯科舍和新不伦瑞克四个省联合在一起，其意义在于增强加拿大自身的凝聚力。在英国各殖民地中，加拿大首先建立了内阁责任制政府，也是第一个在自治殖民地基础上建立的联

---

① 如 1864 年威廉·西沃德居然声称要废除 1819 年《拉什—巴戈特协定》所规定的大湖区非军事化原则；1866 年 7 月美众议院提出议案，要求将加拿大并入美国；又如，有的美国人叫嚷"上帝确立的边疆是直至北极光""从不列颠王冠上摘下加拿大"等等；（参见 Thomas A. Bailey, *A Diplomatic History of the American People*, New York: Appleton Century-Crofts Inc., 1942, p. 233.）

② 说"进一步"，是因为 1840 年英国制订的《联合法案》已放弃了"分而治之"的策略，当时目的之一在于加强控制多为法语居民的魁北克。

邦制。建立自治领的原则是责任制自治政府与殖民地联邦制的结合。①《不列颠北美法案》于 1867 年 3 月 29 日由英国议会通过，恰值美俄于华盛顿签订阿拉斯加购买条约的前一天（即 3 月 30 日深夜）②。这种时间上的巧合显示了加美双方都在争分夺秒地加速牵制与反牵制、蚕食与反蚕食的行动。1866 年 7 月美国众议院还曾提出议案，要求加拿大加入合众国。加拿大自治领的建立使得美国众议院再度提出这个议案的可能几乎不存在了。然而，1867 年至 1871 年毕竟是新生的自治领最不稳定的年代。

从外部言，自治领的建立引起美国国会的一片反对。1867 年 3 月 27 日美国众议院就通过一项决议，对加强"英国王政"的自治领制度表示遗憾。有的参议员认为，成立自治领是一种对美不友好的行动，希望加拿大联邦政府解体。③美参议员本杰明·布特勒（Benjamin Butler）甚至到爱德华太子岛进行反自治领的宣传鼓动。

从内部言，加拿大各省意见不一。例如新斯科舍不愿加入自治领政府，只是迫于英国的压力，才勉强放弃抵制。爱德华太子岛也拒绝加入，直到 1873 年方参加进去。

1869 年在英国的资助下，加拿大政府从哈德逊湾公司买进安大略省以西的广大土地。④从此，加拿大向西发展的最大障碍被克服了。在这块土地上首先建立起的两个省马尼托巴和不列颠哥伦比亚，先后于 1870 年和 1871 年加入自治领联邦，自治领的地位才得到巩固。马尼托巴（1912 年又向西向北扩大面积）和不列颠哥伦比亚二省相隔甚远，但对于加拿大分别在大湖区西部边境和极西部边境抑制美国的领土扩张图谋，起到极其重要的作用。

---

① 自治领政府的组建仿效英国。总督代表英王，由总理提名，英王批准、总督任命上院议员，任期终身。下议院由选举产生。下院多数党组阁，内阁向议会负责。当时鉴于美国南部同盟形成尾大不掉的事例，自治领政府加强了中央政府的权限。（参见 Carlton J. H. Hayes, *A Political and Social History of Modern Europe*, New York: The Macmillan Company, 1925, p. 644.）

② Richard W. Van Alstyne, *American Diplomacy in Action*, Palo Alto: Stanford University Press, 1947, p. 22.

③ Richard W. Van Alstyne, *American Diplomacy in Action*, Palo Alto: Stanford University Press, 1947, p. 598.

④ 1787 年蒙特利尔和圣劳伦斯大毛皮商联合成立的西北公司，于 1821 年兼并了美国人经营的哈德逊湾公司。但沿用了哈德逊湾公司的名称。1869 年哈德逊湾公司以 30 万英镑和大量土地赠予为代价，将鲁珀特斯兰和西北地区的广大土地售给加拿大政府。这就使加拿大领土西抵落基山，北达北冰洋。（参见 J. M. S. Careless, *Canada: A Story of Challenge*, Cambridge, England: Cambridge University Press, 1953, p. 260.）

内战前夕和战后，美国也沿加美西部边境地带建立新州：威斯康星（1848 年）、明尼苏达（1858 年）、北达科他（1889 年）、蒙大拿（1889 年）、华盛顿（1889 年）和爱达荷（1890 年）。美国所建的这些州同加拿大自治领向西的扩张不但在时间上大多吻合，而且在走向上也是相同的。

尽管加拿大也在力争向西发展，但是却为美国咄咄逼人的态势感到担忧。为了抵制美国的威胁，加拿大于 1873 年将已由六个省组成的自治领又增加了一个新成员——爱德华太子岛，并于 1878 年宣布，所有不列颠北美土地（纽芬兰除外。纽芬兰最后于 1949 年加入加拿大）都属于加拿大自治领。1905 年，萨斯喀彻温省和艾伯塔省也相继加入自治领。

加美在竞相向西扩张土地的同时，也掀起了竞相建筑铁路的热潮。铁路是一个国家统一的条件和经济发展的命脉。在加美拓殖西部的历程中，铁路的作用是至关重要的。加拿大第一任总理约翰·A.麦克唐纳（John McDonald）的"国家政策"，是以关税、移民和交通三者来发展和连接加拿大东部与西部的经济的。他特别强调修筑铁路的重要性。他认为，加拿大必须立即采取有力措施以抵制美国占取加拿大西部土地的企图。他说，"我们首先要做的事情之一，就是要明确地显示我们要修建太平洋铁路的决心"①。

1869 年美国中央太平洋铁路与联合太平洋铁路接轨，完成了第一条横跨大陆的铁路。19 世纪 80 年代是美国建筑铁路最多的年代，每年平均 8000 英里。"至 1893 年有 4（或 5）条横跨大陆的铁路建成"②，其中包括在 1893 年铺至西雅图的大北铁路。这是一条最靠近加美边境的横跨大陆的铁路。威廉·亨利·西沃德就曾宣称，建筑铁路，在国内可以巩固联邦政府的基础；若跨越国境，则可将加拿大"吸引"到美国。③

加拿大在修建横贯大陆铁路之始，就遇到与美国铁路公司的关系问题。首先，拟承包修建工程的加拿大大干线铁路公司计划利用在中西部一段美国已建成的铁路，继而，美国大北铁路公司表示愿意承包加拿大铁路的修筑工程。这两项建议均遭到麦克唐纳的拒绝。他认为，在加拿大领土上就应由加

---

① Pierre Berton, *The National Dream: The Great Railway, 1871-1881*, Toronto: McClelland and Stewart, 1970, p. 10.

② Glenn Porter, *Encyclopedia of American Economic History: Studies of the Principal Movements and Ideas*, New York: Charles Scribner's, 1980, Vol.1, p. 9.

③ William Appleman Williams, *From Colony to Empire: Essays in the History of American Foreign Relations*, New York: J. Wiley, 1972, p. 147.

拿大政府兴办这一工程，以免交通命脉旁落美国之手。

在外部形势的胁迫和内部发展的需要下，加拿大加紧沿加美边境修筑横越大陆的铁路。1886 年底，从蒙特利尔到温哥华长达 2906 英里的加拿大太平洋铁路建成通车。这条铁路在政治和经济上成为强化联邦的有力纽带，也是抵制美国吞食加拿大领土的必备的条件。至 1914 年，加拿大又完成了两条从蒙特利尔至太平洋沿岸的铁路系统，即北线铁路与大干线太平洋铁路。

铁路的建设促进人口的西移。加美人口向西流动也是竞相平行开展的。19 世纪后半叶是北美大陆最后拓殖的年代。加拿大和美国一样，数百万移民从欧洲和其他旧垦殖区涌向广大的西部处女地，人口的移动大大促进了东西经济的沟通。但人口的西移不仅来自东部，有一部分人口流动是南北相向的。1871—1891 年移入加拿大的人口约 125 万，移出的约 150 万，其中多数移往美国。①1896 年后，向加拿大西部草原移殖开始显示成效时，许多美国人也移入进去。当然这时也有许多加拿大人移往美国。至 1921 年约有250 万加拿大人移入美国，有 37 万 5000 美国人移入加拿大。这种边界上人口流动一直持续下去，但对加美总人口数额的比例影响不大，这种比例一直停留在 1:10 之下。②由于气候恶劣和土地较贫瘠，相比之下，19 世纪加拿大西部移民所积累的资本在其国民生产总值中所占的比例均低于美国。③美国移民的这种经济增长势头对加拿大又构成了一种新的威胁。反过来，这又

---

① 唐纳德·克赖顿：《加拿大近百年史》上册，山东人民出版社 1972 年版，第 115 页。

② 加美人口比例举例（单位：百万）

国家	1860—1861	1890—1891	1920—1921	1950—1951	1987（估计）
加拿大	3.2	4.8	8.8	14	26
美国	31.4	62.9	105.7	150.7	234.9

参见 Robert Bothwell, *Canada and the United States: The Politics of Partnership*, Toronto: The University of Toronto Press, 1992, p. 5.

③ Glenn Porter, *Encyclopedia of American Economic History: Studies of the Principal Movements and Ideas*, New York: Charles Scribner's, 1980, Vol.1, p. 180;

加美人均年收入举例（美元）

国家	1870 年代	1890 年代	1900 年代	1910 年代	1920 年代	1930 年代
加拿大	126	168	199	319	576	561
美国	170	208	246	382	860	734

参见 Robert Bothwell, *Canada and the United States: The Politics of Partnership*, Toronto: The University of Toronto Press, 1992, p. 6.

促使加拿大大力奖励向西移民。加拿大向西移民是在美国向西移民至少 60 年以后才开始的。跟美国的西进运动不同，加拿大向西移民是一个政府有计划的行动，基本上是在铁路兴建以后出现的现象。国家的力量不是尾随在移民之后，而是先行于移民之前。1870—1905 年间加拿大建立的马尼托巴省、萨斯喀彻温省、艾伯塔省、不列颠哥伦比亚省与美国的威斯康星等 5 个州整齐地排列在北纬 49° 两侧。加拿大自治领迅速扩展领土，鼓励向西移民，不失时机地与美国相抗衡。

加拿大自治领加强本身自卫力量的举措还涉及军事、政治和外交方向。仅在自治领成立的当年，加拿大就在全自治领实行了降低邮费、统一邮务管理制度。次年，在全自治领推行了新的民兵制，并实现了统一的关税。议会还通过了一个文官制法案。1871 年在全自治领实行了十进位制货币法，并逐步完善了银行制度。1871 年英国从加拿大撤出驻军（除哈里法克斯和厄斯基玛尔特外），防卫基本由加拿大担任。这件事固然表明英国对加拿大的军事控制力量的削弱，但更重要的是表明加拿大得机加强其自身力量。①1880 年加拿大总理麦克唐纳任命亚历山大·蒂洛赫·高尔特（Alexander Tilloch Galt）为加拿大驻伦敦高级专员。虽然高尔特的身份只是"半外交性的"，但他的地位毕竟属于"代表"性质，这在加拿大与帝国交往史上是破例的。1897 年帝国会议是"英帝国历史上第一次真正的政府间的会议"，是"英帝国各高级政府的会议"。②为了加强大英帝国的中央集权，会上殖民大臣张伯伦提出成立一个"常设帝国委员会"的倡议。劳里埃总理作为"各高级政府"即各殖民地代表团领袖的中心人物，站在民族主义的立场上，拒绝接受张伯伦所规定的殖民地义务，反对英国方面加强大英帝国中央集权的行为。另外一件事情是，1899 年布尔战争爆发后，加拿大派自愿兵 7300 人到遥远的南非参战。这是加拿大第一次对国际危险局势作出反应。但参与这种对加拿大并不构成任何威胁的战事，纯属为帝国效力之举。此后，加拿大的几位总理麦克唐纳、劳里埃（Wilfrid Laurier）和博登（Robert Laird

---

① 英国在加拿大驻军人数的增减可视为英美关系紧张与缓和的标志。如 1804—1809 年，英在加驻军由 3500 人增至 9000 人，1837—1838 年英美关系紧张时增至 1.3 万人。美国内战初期，英派兵 8000 人去加。（参见 Walter N. Sage, "The Historical Peculiarities of Canada with Regard to Hemisphere Defense," *The Pacific Historical Review*, Vol.10, No.1 (1941), p. 18.）

② Kenneth Bourne, *Britain and the Balance of Power in North America 1815-1908*, Los Angeles: University of California Press, 1967, p. 140.

Borden）都一再声明，此举不足构为先例，将来若再有此类事件发生，加拿大是否出兵，须完全由加拿大人决定。上述事例既说明了加拿大在帝国事务中地位的增长，也显示了其自主、自决意识的不断增强。

三、加美在经济领域的竞争

在经济领域，加拿大与美国的纠结关系突出表现在关税问题上。这个问题的激化反映加美经济矛盾的增长。

美国内战为加拿大制造业提供了扩大国内市场的机会。内战期间及战后一段时间内，美国出口业出现衰落，加拿大制造商暂时独占了国内市场。[①]但1866年美国单方宣布废除1854年美加互惠条约，这对经济力量较弱的加拿大来说，是一个严重的打击。1854年互惠条约是美国历史上第一个列举产品的自由贸易协定。这个条约的被废除显示了美国关税保护主义的抬头。从内战起，美国关税居高不下，长达近70年之久[②]，这是美加再次签订互惠贸易条约的障碍。在19世纪60至90年代，加拿大几次[③]向美国提出举行互惠贸易谈判的建议，但都遭到美国的反对。

美国总统本杰明·哈里森和国务卿詹姆斯·布莱恩（James Blaine）既用提高关税的办法，又用在美洲孤立加拿大的方法迫使加拿大就范。1889年美国在华盛顿召集旨在订立双边互惠条约的泛美会议，加拿大未参加会议，一方面由于英国极力阻止加拿大与会，另一方面由于美国拒绝给加拿大以互惠待遇。1889年泛美会议对英国也是一个沉重的打击。和1826年拉丁美洲诸国所举行的巴拿马会议不同的是，巴拿马会议的实际主宰者是英国，而华盛顿会议的主宰者则是美国。1890年美国实施《麦金莱关税法》，把美国的保护关税率提高到历史最高水平，对加拿大向美国出口的几种特殊产品征收高税，致使安大略省南部与纽约州间的大麦交易受到致命的打击。

互惠条约是美国一直挥舞的外交压服策略的工具。美国的高关税壁垒政

---

① 唐纳德·克赖顿：《加拿大近百年史》上册，山东人民出版社1972年版，第10、56页。

② 从1861年莫里尔关税法到1930年霍利—斯穆特关税法。其间只有1913年德伍德—西蒙斯关税法平均减税30%，并对某些原料免税。

③ 如，1869年、1871年、1874年、1892年、1896年等。

策，对加拿大极其不利，使它处于入超地位。①加拿大总理麦克唐纳不无愤怒地说："我生为不列颠臣民，死亦如斯"，"用金钱利益来诱使我们人民离弃这种联系，……我反对这种遮瞒下的背叛行径"。②

1878 年加拿大保守党在大选中获胜，约翰·麦克唐纳再度出任总理。他主张提高关税，以创造就业机会，并为国家的扩展提供资金。1879 年加拿大实行保护关税制。实际上这既是抵制美国高关税的自卫手段，也是保卫国家独立的措施。加拿大人认为，如若加美贸易互惠成功，虽然对加拿大有潜在利益，但是人们担心最终会导致被自己的邻居兼并。在国内，这种警觉的心态终于诱发了反对美国兼并的浪潮。那些主要来自西部农场主的支持和与美国谈判互惠贸易的呼声因而也销声匿迹了。保护性高关税政策的实施保护了加拿大经济中的制造业，头两年的国家岁入增加了近 50%。随之向西迁移的人口也增加了，马尼托巴省 1881 年的人口比它历史上头 10 年的人口多一倍。1896 年后世界市场恢复景气，加拿大出现新的金矿。这一切增加了加拿大振兴本国经济的自信心。

美国以壁垒关税惩罚加拿大。1896 年美国共和党竞选纲领中竟称："我们重申和重视我们对保护政策的拥护，并以之作为美国工业独立的屏障和美国发展与繁荣的基础。美国确切的政策是对外国产品征税，以鼓励本国工业。"③当时在美国流行的"西部边疆已告完结"的夸大的说法，更是火上浇油。1897 年美国制订《丁利关税法》，又一次提高关税，加拿大深受

---

① 如 1865—1900 年间，加拿大从美国进口额不断增长，进入 20 世纪增长更快，如下表（单位：百万美元）：

年份	进口额
1865	110
1876	110
1883	129
1894	154
1901	106
1902	1818

参见 *The Statistical History of the U.S. New Year*, New York, 1976, pp. 903-904.

② Edgar McInnis, *Canada: A Political and Social History*, Toronto: Rinehart and Company Inc., 1982, p. 425.

③ Henry Steele Commager, ed., *Documents of American History*, New York: F. S. Crofts and Co. , 1963, p. 623.

其害。美国每次提高关税都使加拿大对美国的出口锐减。1883 年加拿大出口的 50%输往美国，到 1989 年即降至 27%。1896 年加拿大放弃了同美国建立互惠贸易关系的构想，转而采取对英国实行贸易优惠政策。①在 19 世纪，对加拿大来说，美国由最重要的贸易伙伴变为次要的贸易伙伴。1898 年加拿大在又一次提高关税时宣称，对加拿大产品输入实行减税的国家，加拿大降低其进口税；对由不列颠进口的货物较由其他国家输入的货物减少 1/4 关税率。实际上，从 1990 年起的三年内，加拿大对不列颠的进口产品减税近 1/3。加拿大用高关税政策也不能有效地抵制美国货物的进口，如 1883 年从美国的进口超过了从英国的进口。到 1896 年，加拿大进口的商品一半来自美国。加拿大之所以给予英国以特惠待遇，是因为加拿大需要仰仗英国的市场和投资以对抗美国的经济压制。19 世纪后期，英国的投资，特别是在铁路建设方面的投资，在加拿大的发展过程中起着强有力的影响。加拿大向英国出口小麦，虽然也受到美国的竞争，但加拿大把小麦视为加强同大西洋彼岸保持联系的一种重要的经济纽带。这种情况使得加拿大在经济上不能摆脱对英国的依赖，因此，在政治上一时不能摆脱殖民地地位。英、加、美经济三角格局在这时更加明显。在这种三角纠结关系中加拿大继续充当"人质"②的角色。

四、加拿大在英、加、美三角关系中的地位

到 19 世纪末，因为英美两国在国际竞技场上的利益日渐接近，加拿大在英、加、美三角关系中的政治地位也渐臻稳定。虽然在 1896 年美国共和党竞选纲领中仍然高喊什么欧洲国家应从西半球撤走，大陆上讲英语的地方应联合起来，但像 18 世纪后叶和 19 世纪初叶美国给予加拿大的那种直接的威胁显然不存在了。从此直至第二次世界大战爆发后，加美关系恰可放在英、加、美三角格局，特别是英美关系的框架中去审视、去忖量。在英帝国事务的范围内，加拿大极力争取自主地位；在国际事务的范围内，它极力争取独立地位。这两个范围内的努力是互为依存、相互促进的，即在国际关系

---

① Henry Cabot Lodge, ed., *The History of Nations*, Vol. 20., John Morris Press Co., 1906, p. 174.

② Alastair Buchan, "Mothers and Daughters (or Greeks and Romans)," *Foreign Affairs*, Vol.54, No.4 (July, 1976), p. 649.

中独立自主为其争取的主要的目标。

欧洲是英国殖民帝国利益之所系。英国所考虑的首先是它在欧洲的利益，其次才是殖民地的利益。英国竭力使其殖民地利益服从其帝国利益。这样，英国就乐得用加拿大这个"人质"去缓冲美国对其本身利益的威胁。英国不愿再看到 1778 年美法联合反英，以及 1779 年美西联合、1780 年美荷联合的旧事重演。自然，英国这种缓冲政策的极限是不让美国兼并加拿大。

在 19 世纪上半叶，为了保住加拿大，英国曾采取"遏制"美国的政策。如在 1812—1814 年战争前，英国利用印第安人以牵制美国，并曾试图建立印第安人隔离带。后来在得克萨斯问题和中美洲地峡运河开凿问题上，都抓住"遏制"政策不放。19 世纪后期美国购买阿拉斯加的目的之一实际上也是包抄加拿大，这正是以其人之道还治其人之身。1867 年加拿大自治领的建立，才使英国松了一口气。

英国人认为，他们"没有永久的敌人，只有永久的利益"。[①]他们考虑，为加拿大利益而同美国人作战不合算。英国查尔斯·H.伊万斯（Charles Evans）将军在 1855 年说，同美国作战，"就如同用杜布伦（西班牙旧日使用的金币名）去击碎你的邻居的窗户"[②]。

在如何对待美国对加拿大的威胁上，英国陆军部与海军部意见相左。陆军部认为，加美边界无天然屏障，日渐强大的美国令人担忧，主张应加强边境上的武装防御能力。而海军部不愿轻易挥戈动武，认为美国军力不足为虑，不如置加拿大于"人质"地位，以实现三角平衡。英国政府不愿为加拿大防务耗费巨资，认为美国不可能在拥有强大海军的英帝国边缘地区进行大规模武装活动，况且英国也越来越仰仗美国贸易，[③]因而赞同海军部的意向。继 1871 年初次撤军之后，英国又于 1895 年，特别是布尔战争爆发后，从北美和西印度群岛撤走所余军队，此举进一步安抚了美国。

19 世纪末叶，英国海外扩张活动不断增强。1883 年约翰·罗伯特·西利（John Robert Seeley）的《英国的扩张》一书的问世、同年"帝国联邦同

① Kenneth Bourne, *Britain and the Balance of Power in North America 1815-1908*, Los Angeles: University of California Press, 1967, p. 408.

② Kenneth Bourne, *Britain and the Balance of Power in North America 1815-1908*, Los Angeles: University of California Press, 1967, p. 408.

③ Kenneth Bourne, *Britain and the Balance of Power in North America 1815-1908*, Los Angeles: University of California Press, 1967, pp. 405, 410.

盟"的成立以及 1895 年英国殖民事务大臣约瑟夫·张伯伦（Joseph Chamberlain）号召建立帝国关税和军事联盟，都是新掀起的英帝国扩张狂澜。与以往的扩张所不同的是，这时英国由于与俄、法、德先后因争夺亚非殖民地的矛盾不断升级，因而放弃了没有强国朋友的所谓"光荣孤立"。与此同时，由农业国转变为工业国的美国也放弃了在大陆上实行新的兼并领土的政策，以及自立国以来长期奉行的避免与欧洲"纠缠在一起"的孤立主义政策，转而关注在海外夺取市场和原料地的"大政策"。[①]在社会达尔文主义思潮的影响下，美国国内向海外扩张的舆论也如开闸后的洪水滚滚而来。教士约瑟亚·斯特朗（Josiah Strong）、海军史学家 A.T.马汉、参议员 A.J.贝弗里治（Albert J. Beveridge）、历史学家约翰·菲斯克（John Fiske）等都是出名的"冲浪手"。由此可见，英美需共同对付的主要竞争对象是其他欧洲殖民帝国，其中除法、俄外，还有衰老的西班牙、荷兰和新兴的德国。英国在海外扩张活动的加强与英美在争夺海外殖民地和势力范围中日益靠拢，引起了加拿大极大的忧虑。首先，加拿大唯恐陷入与它并无直接利害关系的漩涡，而危及或削弱它在英帝国中的自治地位，所以当 1885 年英国要求加拿大出兵去解救被围困在喀土穆的查理斯·乔治·戈登（Charles George Gordon）将军时，加拿大予以拒绝。其次，加拿大担心英国牺牲加拿大利益，以换取在海外扩张中的英美相互支持。一度最使加拿大疑虑的是，1895—1896 年委内瑞拉危机中英国对美国所作的让步。出乎加拿大意料的是，委内瑞拉危机的进展和解决为加拿大提供了一个有利国内发展的国际环境。

　　委内瑞拉危机是 19 世纪末叶英美关系好转的一个重要的转折点。英属圭亚那与委内瑞拉长期存在边界争执，尤其在争议地区发现金矿后，争执愈烈。美国出面干涉，要求通过仲裁解决争端，摆出一副颐指气使的面孔。美国国务卿理查德·奥尔尼（Richard Olney）以送交美驻伦敦大使公文的形式声称，"今天美国实际上是这个大陆的主人，它的命令对于它所管辖的范围之内的臣民来说，就是法律"。美国总统克里夫里（Stephen Grover Cleveland）威胁要单独勘划委、圭边界，并不惜为之一战，虽然当时美国的海军在数量上还比不过英国，主力舰之比为 5:32，但是英国考虑到正在

---

① H. William Brands, *United States in the World: A History of American Foreign Politics*, Boston, 1993, p. 198.

扩大的美国的海军已构成英国商船队的威胁，而且德国也在扩大海军，日益成为更具有威胁性的强劲对手，最终还是表示让步，同意仲裁。这就等于至少在拉丁美洲范围内英国承认了门罗主义。委内瑞拉危机大转折后，19 世纪末年英美在几件重大国际事件中都显示出相互声援的姿态。所谓"特殊关系"初见端倪。

如 1898 年美西战争中，当美国海军向马尼拉海岸炮台进行轰击时，英国舰队开到美国舰队与德国舰队之间，好像是在警告德国舰长迪德里希斯，假如他向美国舰长杜威开火的话，"英国军舰将保卫这位美国司令"①。英国对美西战争以及美国对英布战争，都互相表示积极的声援。1898 年约瑟夫·张伯伦还曾"谦虚"地宣称，"美国星条旗和英国国旗应一起飘扬于盎格鲁-撒克逊联盟之上"②。

更能说明英美靠拢的是 1899 和 1900 年美国宣布的对华"门户开放政策"这件事了。

正如门罗主义一样，"门户开放政策"最先宣布的是美国，而最早倡议的却是英国。早在 1898 年 3 月英国驻美大使潘赛福特向美国国务卿谢尔曼提出两国合作维持在华平等贸易机会的建议。1899 年 1 月，英国又重申此议，但均遭美国拒绝。这时，《中国的分裂》一书的作者查利斯·贝雷斯福德勋爵（Charles Beresford）在远东作旅游后，到美宣讲在华实行"门户开放政策"的主张。在中国海关担任税务司的英人贺壁理于 1899 年向美国助理国务卿柔克义（William W. Rockhill）建议由美国发表这项政策。他起草的政策备忘录经柔克义修改后呈交国务卿海约翰（Hay John）和总统麦金莱（William Mckinley）。同年海约翰发表了这个构思来自英国的政策，无怪英国是第一个积极响应这个政策的国家。

在 19 世纪末年帝国主义列强争夺海外殖民地的活动中，英美两国的公开接近对加美关系的发展影响至大。

对加拿大来说深为幸运的事是，美国未在 19 世纪 70—80 年代中发动大规模的海外扩张活动。这自然是由于当时美国经济实力还未达到进行这种扩张的程度。但是到 19 世纪末美国大力推行海外扩张时，英国因与欧洲国家

---

① Samuel Flagg Bemis, *A Diplomatic History of the United States*, New York: Henry Holt and Co., 1942, p. 465.

② Thomas A. Bailey, *A Diplomatic History of the American People*, New York: Appleton Century-Crofts Inc., 1942, p. 512.

在争夺殖民地问题上发生日益尖锐的矛盾，便开始与美国修好，以某些让步换取同美国结成非正式的搭档关系。这时美国海军日益加强，美国也放弃了孤立主义。当时美国内布拉斯加州一家报纸不无讽刺地说："吉卜林先生但愿山姆大叔接管约翰牛的负担。"①正如 1897 年张伯伦所言，这时英国已成为"一个疲劳的巨人"②。加拿大原想在加美关系中起一个"中间人"或"制轮楔"的作用；也希望在同美国发生纠葛时，能够得到英国的积极支持。但国际事态的发展证明，英国追求美国的友谊远甚于加深英加的"情感"③。在这种情况下，加美间长期因边界、渔业等纠纷所引起的紧张局面日益缓和。20世纪的来临为加美关系的发展提供了更为积极和宽绰的条件。

思考题：

（1）美国内战期间，英美关系的变化对加拿大产生什么影响？

（2）19 世纪后期加拿大在英帝国内政治地位以及国际地位的增长对加美关系有何潜在影响？

（3）如何看待美国购买阿拉斯加对加拿大产生的影响？

（4）加拿大自治领的建立对加美关系产生若何影响？

（5）19 世纪后期加美向西扩张的特点有何异同？对加美关系有何影响？

（6）19 世纪末为何英美在对外关系上日趋接近？对加拿大有何影响？

---

① John Bartlet Brebner, *North Atlantic Triangle: The Interplay of Canada, the United States and Great Britain*, New York: Columbia University Press, 1945, p. 245. 卢雅德·吉卜林（1865—1936）为英国诗人，以狂热鼓吹殖民扩张著称。"负担"指吉卜林在一首诗中把殖民扩张说成是"白人的负担"。

② Robert Bothwell, *Canada and the United States: The Politics of Partnership*, Toronto: The University of Toronto Press, 1992, p. 8.

③ Robert Bothwell, *Canada and the United States: The Politics of Partnership*, Toronto: The University of Toronto Press, 1992, p. 8.

第四章　20世纪初至第二次世界大战前夕的加美关系（1900—1938年）

进入20世纪后，世界风云变化诡谲。在一场灾难沉重的世界大战之后，20年代北美出现经济繁荣，但好景不长，1929年在西欧和北美开始爆发了历时4年的波及世界的经济危机，接着，欧亚法西斯势力的恶浪又叠叠汹涌，最终导致第二次世界大战的发生。本时期加美关系就是在这个大的历史背景下展开的。

一、本时期加美关系的特点

这时期加美关系的特点是：加拿大在英美关系日益接近中起着"砝码"作用；加拿大在英帝国中自主地位日益增强，使其独立地处理与美国的关系成为可能；加美间长期存在的关税壁垒最终为互惠贸易所代替。

19世纪末年已经开始的英美间的缓和气氛和修好活动，随着20世纪的到来有增无减。在这种情况下，加拿大一当同美国发生争执、想从英国得到援助时，结果总是令加拿大人失望。英国认为，在同欧洲国家争夺殖民地的竞争中，在人口和财富上10倍于加拿大的美国可能给予它的支持远大于加拿大。①但英美关系的接近究竟使加拿大有了一个宽松的外部环境。英、美、加三角格局逐步显现出来。在这种格局中，加拿大在不列颠帝国内部事务中和国际事务中，为争取自主和独立的努力，取得节节进展和累累硕果。

---

① Robert Bothwell, *Canada and the United States: The Politics of Partnership*, Toronto: The University of Toronto Press, 1992, p. 8.

加拿大在政治上竭力摆脱英国殖民统治的阴影，同时利用英国的经济实力同美国进行抗衡。随着民族主义思想的增长，加拿大对英美都怀有戒心。[①]如果说英、美、加间以前的三角格局是一个不等边三角形的话，那么这时的三角格局更像一个等腰三角形。在这个过程结束时，即在第二次世界大战前夕，由于加拿大在国际和不列颠帝国内部事务中地位的提高，英、美、加三角关系大有为加美双边关系取代之势。

过去，在英美扑克牌赌博中，加拿大处于被动的地位。虽然它也坐在牌桌前抽牌，间或也叫牌，但赢的机会不多，而所付代价却不小。有人曾形象地描述了加拿大在英美间所处的地位。加拿大"如同一个小人，坐在一个大的扑克赌场上。它必须投入的全部赌注只不过是其他两个殷实对手的零头。假如它赢了，它所获得的利益要比它的财力大很多；假如输了，它就会一败涂地"[②]。进入 20 世纪后，加拿大在英、美、加三角关系中当起"会计师"的角色。直到这时，它才有可能去计算在平衡英美双方关系中要得到什么，应放弃什么。[③]更形象地说，在英美关系中，加拿大起着"类似砝码的作用"[④]。

毫无疑问，经济是政治的基础。英、美、加政治三角格局的发展，大部分有赖于经济三角关系的变化。进入 20 世纪，情况就更是这样。

1867 至 1896 年，英加贸易曾居加拿大对外贸易的首位，但此后，发生了急剧变化。1896 年，加拿大从美国输入的商品占总进口额的 1/2，到 1913 年达到 2/3，同年从英国输入的商品只占总进口额的 1/5。1900 至 1913 年，英国向加拿大投资达 10 亿 7000 余万美元，美国向加拿大投资为 6 亿 3000 万美元。这说明，加拿大既要向英国大量举债，又要向美国大量购货。[⑤]加拿大从英国借款去资助本国农民，农民用钱去购买美国的机器。美国直接进口英国产品不多，而是用加拿大汇来的钱款通过购买别国原料，将资金周转到英国。投向加拿大的英国资本大部分用于土地证券交易，不像美

① John Bartlet Brebner, *North Atlantic Triangle: The Interplay of Canada, the United States and Great Britain*, New York: Columbia University Press, 1945, p. 256; Edgar McInnis, *Canada: A Political and Social History*, Toronto: Rinehart and Company Inc., 1982, p. 458.

② John W. Dafoe, ed., *Canada Fights*, New York, 1941, p. 228.

③ John Bartlet Brebner, *North Atlantic Triangle: The Interplay of Canada, the United States and Great Britain*, New York: Columbia University Press, 1945, pp. 245-246.

④ Peter Regenstreif, "Canada`s Foreign Policy," *Current History*, Vol.72, No.426 (April 1977), p. 150.

⑤ 张崇鼎主编：《加拿大经济史》，四川大学出版社 1993 年版，第 328 页。

国那样直接从事加拿大公司的经营管理或股份控制。加拿大从美国进口产品比英国多，但对英国出口产品却多于美国。由于加拿大进出口贸易的多寡，是由向英国举债数量而定，英加贸易在当时三角贸易中仍起很大作用。①

及至第一次世界大战后，英国对加拿大的投资以及加拿大的出口流向发生了巨大变化。1920 年，加拿大对美国出口总值第一次超过了对联合王国的出口总值。1925 年后，加拿大向美国出口的势头越来越强劲，同时，美国向加拿大的投资也越来越多。1930 年，英国投资下降到加拿大全部外来投资的 36%，而美国投资则上升为 61%。"这个相对比例的变化是惊人的。"②在 1929—1933 年世界经济危机之后，加美于 1935 年签订互惠贸易协定。这是自 1866 年美国宣布废除第一个加美互惠贸易协定后，时隔 70 年之久才订立的第二个互惠贸易协定。随着 20 世纪前 40 年欧、美经济的起伏跌宕，加美双边经济关系代替英、美、加三角经济关系的趋势已显现出来。

二、20 世纪初年加美关系

20 世纪初，英国和美国在海外扩张活动中第一次合作，是 1900 年派出远征军参加镇压中国义和团起义。八国联军实际上是"门户开放政策"在国际范围内的具体应用。接踵而来的是 1901 年美国国务卿海约翰与英驻美大使朱利安·潘赛福特（Julian Pensford）签订的《海—潘赛福特条约》。美国趁英国陷入布尔战争之机，要求废除 1850 年英美签订的关于海峡运河的《克莱顿—布尔沃条约》。《海—潘赛福特条约》规定，美国获得开凿、管理与防卫地峡运河的独占权。在这个条约订定后两年，美国即从哥伦比亚版图上一手分出个巴拿马共和国，并开始建筑巴拿马运河。

《海—潘赛福特条约》属于国际势力范围划分的问题，它是以英国让步的方式解决的。在这种气氛下，加拿大－阿拉斯加划界长期存在的争议似乎也好说好商量了。当 1867 年美国从俄国买得阿拉斯加时，阿拉斯加与加拿大的边界尚未划清。边境上的林恩运河不仅是通向加拿大境内克朗代克金矿区的捷径，而且运河尽头的两个港口关系到加美商业和税收的利益，因此双

---

① Jacob Viner, *Canada's Balance of International Indebtedness 1900-1913*, Cambridge: Harvard University Press, 1924, pp. 280, 284.

② 唐纳德·克赖顿：《加拿大近百年史》上册，山东人民出版社 1972 年版，第 272-273 页。

方争执不下。加拿大认为，英国应以地峡运河为筹码，迫使美方在阿拉斯加与加拿大的边界问题上作出让步，但英国拒绝考虑利用这个筹码，相反在1903年双方组成的6人仲裁委员会中，1名英国法官与两名加拿大法官持不同意见，竟与美方3名法官投一致票。最后，阿拉斯加划界问题作了有利美国的裁决。加拿大人怒不可遏。1904年，加拿大总理劳里埃为了显示维护自治权利的决心，公开与英国当局对抗，将担任加拿大陆军总司令的英国将军免职，并声明此后该职由加拿大人担任。

由于加拿大与美国间交往日增，特别是跨边境的活动增多，1909年英国允许加拿大在英驻美大使馆中设置一个办事处，负责处理华盛顿与渥太华间的次要外交事务。英驻美大使馆中为加拿大设立的一席之地成为加美间的一个"哨所"①，但加美间的事务仍置于英国监护之下。加拿大还要为摆脱这支"紧箍之手"、争取独立外交权力作出不懈的努力。

与此同时，加美间关于纽芬兰渔场的长期争执，在英美关系接近的背景下，找到了比较平和地解决问题的方式。1909年1月，加拿大（通过英国）和美国双方同意将渔业争执问题提交海牙国际仲裁法庭。1910年9月法庭作出裁决，延长美国在纽芬兰渔场的捕鱼权，并成立委员会以解决个别争端。1912年7月英美订立协约，对裁决稍作修改后予以接受，并成立常设机构以调解发生的纠纷。1909年加拿大（通过英国）与美国还订立了《边境水域条约》，设立一个"国际联席委员会"，负责调查和调解沿国境线共同使用的航道和水系中所发生的纠纷。至此渔场和水道所发生的争执问题基本上都已得到解决具体问题的途径。例如对于越来越严重的大湖区污染问题，联席委员会就成为解决纠纷的机构。

三、加美关税之战欲罢不能

美国早在内战时期，关税就居高不下。到第一次世界大战前夕，加美在关税问题上仍未走出丛棘。

1909年美国制订《佩恩-奥尔德里奇关税法》，修改了1897年《丁利

---

① Robert Bothwell, *Canada and the United States: The Politics of Partnership*, Toronto: The University of Toronto Press, 1992, p. 8.

关税法》所规定的单一税率，另立一种最低税率。凡对美国商品不施以"歧视性"税率的国家，均可享受低税率待遇。这个关税法是针对加拿大而定的，因为加拿大对美国也实行高关税。但加拿大是美国商品的大顾客，其地位仅次于英国。因此美国总统威廉·塔夫脱认为，《佩恩-奥尔德里奇关税法》税率太高，其本身就失去了"讨价"的效力。1911 年塔夫脱与加拿大政府商议订立互惠贸易协定，撤销名目繁多的关于天然产物的关税，降低多种工业制品或半成品的税率。为了避免英国干预，双方还决定协定由双方议会批准后即可生效。

这个拟议中的贸易协定，在美加两国国内都引起强烈的反响。美国扩张主义者又发出兼并加拿大的叫嚣，如众议院议长查普·克拉克（Champ Clark）说："我赞成这个条约，因为我希望有朝一日看到美国国旗在直到北极的不列颠北美每一平方英尺的土地上飘扬。"[1]众议院的一份报告中竟称，假如美加双方取消了关税，这种贸易就等于实现了另一个"路易斯安那购买"[2]。塔夫脱居然也说，与加拿大加强经济联系，可使加拿大变成美国的一个经济卫星国。[3]他还说，"这样一个条约近似兼并"[4]。

美国外交政策决策人的言论，引起加拿大民族主义者的强烈反对。他们通过大选，将主张缔约的总理劳里埃爵士赶下台，互惠贸易条约未成即毁。

1911 年塔夫脱倡议的美加互惠协定，反映美国对加拿大市场及天然资源的兴趣，特别是对加拿大农产品和木材的需求。加拿大议会作出的拒绝决定，意味着加拿大发表了一个"小小的独立宣言"[5]。加拿大要求以伙伴关系相处，哪怕是做一个次要的伙伴，也不肯做一个唯命是从的下属。"加拿大人性格的平静水面之下，在加拿大民族主义周围很容易隐藏着一只猛

---

① Thomas A. Bailey, *A Diplomatic History of the American People*, New York: Appleton Century-Crofts Inc., 1942, p. 586.

② William Appleman Williams, *From Colony to Empire: Essays in the History of American Foreign Relations*, New York: J. Wiley, 1972, p. 224.

③ Thomas A. Bailey, *The American Pageant: A History of the Republic*, Boston: D. C. Heath, 1956, p. 719.

④ William Appleman Williams, *From Colony to Empire: Essays in the History of American Foreign Relations*, New York: J. Wiley, 1972, p. 224.

⑤ John Bartlet Brebner, *North Atlantic Triangle: The Interplay of Canada, the United States and Great Britain*, New York: Columbia University Press, 1945, p.268.

兽。"①

　　其实劳里埃的落选不仅由于互惠贸易协定谈判的失利，还因为他是一个曾宣扬门罗主义的总理。这更表明加拿大人维护独立自主的愿望。当10年前英国因布尔战争从加拿大撤军时，劳里埃曾主张利用门罗主义保护西大西洋，但加拿大人对门罗主义一词特别敏感，甚而惶恐不安。②美国外交史学家塞缪尔·弗·比米斯（Samuel Flagg Bemis）曾说，"门罗主义假如不是在文字上，那也在精神上被运用于加拿大"③。诚然，这种说法是美国人的观点。对加拿大人来说，比米斯所言不大中听，但是从第一次世界大战发生后的情况看，他的话在实质上不无道理。

四、战争把加美绑在一辆战车上

　　一战前，遥望南方拉美人民所遭遇的情况，加拿大人对门罗主义疑虑不宁，但对于英国在欧洲同德国展开的海军扩军竞争更忧心忡忡，深恐卷入。在1909年帝国会议上，加拿大反对成立统一的海军指挥权，主张建立自己的海军，保持独立的指挥权力，若国际上发生危机时，自己独立作出是否参与的决定。④1912年，加拿大总理罗伯特·博登赴英，准备以提供3艘主力舰为条件，换取英国给以外交政策发言权。不料，英国虽然愿意接受军舰，但拒绝给加拿大以发言权，只允许其定期出席帝国防务委员会。加拿大海军援英法案虽由众议院通过，但于1913年还是被参议院否决了。这件事在加拿大历史上是比较特殊的，一般说来，众议院通过的议案，参议院是不会有异议的。当1914年第一次世界大战爆发时，加拿大既不完全了解英国在外交上所承担义务的实质和范围，对于英国外交政策也无任何发言权。

　　1914年7月第一次世界大战爆发，事先在思想上和行动上无所准备的加拿大意识到，既然战争已经发生了，只得全力以赴地支持英国，因为它的

---

　　① Robert Bothwell, *Canada and the United States: The Politics of Partnership*, Toronto: The University of Toronto Press, 1992, p. 9.

　　② 当时加拿大对美国所提的"大陆主义""一体化"等类似门罗主义的名词也畏而远之。［参见 John Sloan Dickey, "Canada Independent," *Foreign Affairs*, Vol.50, No.4 (July 1972), p. 686.］

　　③ Samuel Flagg Bemis, *A Diplomatic History of the United States*, New York: Henry Holt and Co., 1942, p. 794.

　　④ Kenneth McNaught, *Canada*, London: Penguin, 1988, p. 209.

利益走向是由东向西，而不是由北向南。假如英国被德国击败，它就可能遭受被美国鲸吞的厄运。战争中，美国也支持英国，所以加拿大的援英政策并不与美国相悖。加拿大小心地维护英、美、加三角关系上每根链条不至破裂，这样既保住英国，推进加拿大民族主义政策的发展，同时也消除来自美国的威胁。

1914 年加拿大议会通过了战时预算。10 月派遣一个师的志愿军 3 万3000 人赴欧参战。这是加拿大第一次派出这样多的兵力横渡大西洋。前此，加拿大虽曾派兵赴南非参加布尔战争，但那次战争是区域性的，所派的人数也不多，其影响更不及第一次世界大战。1915 年和 1916 年加拿大又先后派出一个和两个师。1915、1916 和 1917 年分别发行战时公债，计 3 亿余加元。到战争结束时，国内公债达 20 亿加元。1917 年继美国之后，加拿大颁布了义务兵役法。战时，人口总计 600 万的加拿大派往前线的兵力达 64万余。

战争使加拿大对不列颠事务的影响增大了，同时也使其在国际上的独立地位提高了。1917 年英国首相戴维·劳合·乔治（David Lloyd George）组织战时内阁时，各自治领均参加进去。战时内阁组织法第 9 条称：不列颠帝国由"自治国家"和殖民地组成。这是帝国法令中第一次把自治领视同国家，与殖民地区分开来。早在 1865 年约翰·麦克唐纳在加拿大议会中宣称："一个不同的殖民地体制正在渐渐发展起来。我们对母国的依赖、母国对我们权威性的保护均将逐年减小，我们和母国的关系也将逐渐变为同盟关系。"[①]战争事态的进展证明，他的预言正在实现。

1917 年 4 月美国对德宣战。美国参战的目的之一在于保持有利于英国的欧洲均势，同时瓦解可能使美国腹背受击的英日同盟。[②]此举在很大程度上与加拿大利益相吻合。

1919 年巴黎和会时，加拿大要求作为独立代表参加会议。美国不情愿地同意英国各自治领以第三类代表身份，即具有"个别利益"的交战国身份参与和会的一部分工作，并以不列颠帝国小组成员身份在和约上签字。国际联盟成立时，加拿大要求以主权国家地位参加国联和国际劳工组织，虽一度遭到美国的反对，最终还是以独立身份参加进去，并被接纳为国际联盟的发

---

① 唐纳德·克赖顿：《加拿大近百年史》上册，山东人民出版社 1972 年版，第 65 页。

② Samuel Flagg Bemis, *A Diplomatic History of the United States*, New York: Henry Holt and Co., 1942, pp. 878-879.

起国之一和国联理事会的非常任理事。美国总统伍德鲁·威尔逊（Woodrow Wilson）的顾问爱德华·豪斯（Edward M. House）上校对此冷眼旁观，1919年2月6日在其日记中写道，这表明"不列颠帝国走向最后分裂"。在讨论国际联盟的盟约时，加拿大同美国一样也反对第10条的规定：成员国"为了免于外来的侵略，必须尊重和维护"所有成员国的"领土完整和现有的政治独立"。美国持反对态度，是出于孤立主义的遗训，不仅不肯卷入欧洲纷争、不肯为欧洲火中取栗，而且还拟利用欧洲纠纷取得渔翁之利。而加拿大提出异议，主要是由于唯恐卷入远离本土的大西洋彼岸的争衡，避免在美洲遭到从背后给以的袭击。结果美国拒绝参加国际联盟，但加拿大势孤力薄，不足动摇英、法等国的主张，只得极其小心翼翼地参加进去。加拿大参加国联的活动旨在加强其国际地位，并不把其作为外交事务的重点。尤其是美国没有参加进去，更不存在通过这个渠道增进加美关系的可能。1916年爱德华·豪斯上校在威尔逊总统指示下，曾试图把加拿大拉入泛美会议。可是加拿大宁愿参加国际联盟和英联邦，也不愿卷进泛美集团。即便是对国际联盟，加拿大的态度也是既积极热情，又谨慎小心，不卑不亢、适可而止。

　　大战后，随着加拿大国际地位的提高，加美关系日益接近，英国对加美外交事务进一步放松。1920年渥太华和伦敦同时宣布加拿大派驻华盛顿使节。这是40年前加拿大派遣驻伦敦高级专员以来的第二次派出驻外使节。加拿大驻美使节办公处虽然设在英驻美使馆内，但能独立地处理加美间一切事务。这无异于进一步宣布了加拿大在国际事务中的独立自主的地位。

　　继巴黎和会之后，战后另一次重要的国际会议是华盛顿会议（1921年11月—1922年2月）。在大战中英美虽然同属一个营垒，但并未解决英美间长期存在龃龉的问题——英日同盟。英日同盟订于1902年，是一个军事同盟条约，规定缔约一方遭到第三国进攻时，另一方则保守中立；若第三国得到其他国家支持时，另一方则提供军事援助。虽然这个条约名义上是针对沙俄的，但对美国犹如芒刺在背。加拿大生怕陷入英美在远东的纠纷，从开始就表示反对。当美日在移民和对华政策上矛盾不断发生时，英日同盟更引起加拿大忧虑。1905年和1911年，英国为了对付德国和沙皇俄国，又同日本两次续订"同盟"。1921年英日同盟第3次续订的前夕，加美都表示反对，一度引起紧张气氛。同年在伦敦举行的帝国会议上，加拿大总理博登力主自治领在关系其切身利益的问题上应有发言权。博登所指"切身利益的问题"主要指英日同盟。华盛顿会议上英日同盟被拆散，代之以美、英、日、法《四国公约》。在反对英日军事联盟问题上，加美终于如愿以偿。美国没有参加国联，可是在华盛顿会议上得到全胜，可谓失之东隅，收之桑榆。加拿大也算放下了一桩 20 年来揪心的问题。加拿大成功地迫使英国放弃日本，改同美国合作，实现了其最大的安全利益。

五、20 年代加美关系

20 世纪 20 年代是英、美、加三角格局框架开始走向中落的时期。虽然加美双方还保持着关税壁垒，但两国经济及文化交流日益增长。到了 20 年代中期，英帝国内共同的对外政策已不复存在。

战后，加拿大在国际事务中竭力避免承担义务。它对国际联盟的态度已显示出这种政策。1922 年加拿大拒绝英国要求，反对向鞑旦尼尔海峡派兵去同土耳其作战。1923 年英国等国和土耳其在瑞士洛桑订立《洛桑条约》（全名为《协约和参战各国对土耳其和约》）。这个条约是战后协约诸国与土耳其订立的新条约。加拿大虽为协约国成员国之一，但拒绝参加签约。同年，加拿大积极地与美国签订了《关于保护太平洋大比目鱼的条约》，次年，与美国签订了《关于防止走私的互助条约》。这两个条约均由加拿大单独签字，它拒绝与英国外交官合署。加拿大以大比目鱼和走私问题与英国无直接关系为理由，不答应在条约中提到英国。关于大比目鱼条约签字问题，是加美背地商议的，一直到签字的最后一刻，英国才得知不被邀请，虽大为不悦，但也无可奈何。加拿大之所以这样行事，主要为了取得独立的缔约国地位。

1925 年 10 月，英、法、德、意等 7 国代表在瑞士洛迦诺签订条约，加拿大没有参加。《洛迦诺条约》规定，诸国保证德比、德法边界不受侵犯，遵守《凡尔赛和约》中关于莱茵区实行非军事化的原则。针对这一点，加拿大总理阿瑟·米恩（Arthur Meighen）宣称，"加拿大在未得到自治领议会允许之前，不能向海外派兵"。加拿大政府所采取的举措和发表的言论，表明它已获得实际独立的地位。1926 年不列颠帝国会议后，英国枢密大臣阿瑟·贝尔福（Arthur James Balfour）声言，在宪法上，自治领享有同英国"平等的地位"。这一声明实际上就是承认了加拿大在外交上成为自主国家这一既成事实。

1926 年加拿大向华盛顿派出第一个公使。次年，美国也派出驻渥太华公使。1928 年加拿大又正式派出驻日和驻法使节。

1931 年在经济危机的形势下，英国议会通过了《威斯敏斯特法》，诸自治领与联合王国组成英联邦，共戴英王为国家元首。自治领为独立和平等的主权国家。联合王国的法律不适用于自治领，除非后者提出要求。从此，自治领的独立自主的地位以法律形式明确下来，这就更便利了加美关系的直接发展。

随着加美关系的臻进，两国的经济关系也日益扩大。虽然两国间关税壁垒还未消除，例如 1922 年美国国会通过《福德尼-麦坎伯关税法》，对工业品的关税提高到创纪录的水平，对农产品征收的关税甚至高于 1921 年的《紧急关税法》，但是，战后美国在加投资不断上升。20 年代是加拿大和美国经济繁荣的时期。在 20 年代初，美国在加投资就超过了英国。不在加居住的美国资本家向加矿产、纸浆、木材、汽车、冶炼等工业部门投入大量资金。到 30 年代初，美国在加投资已总计 40 亿美元，超过了在任何国家的投资数量。[1]1926 年加拿大经济中，受美国控制的约占 32%，至 1930 年增至 42%。随之，美国工会力量也伸入加拿大。美国劳工联合会控制了许多加拿大工会。美国的大公司如通用电气公司、通用动力公司、福特汽车公司的工会都跨越了加拿大的国界。安大略的温泽是福特公司在加拿大开设的汽车工业基地，与美国的底特律隔河相望。

紧随美国的政治、经济对加拿大影响的增加，美国文化影响也同步涌入。美国杂志、书籍、音乐、电影和无线广播等文化传播媒介在加拿大泛滥开来。到 30 年代加拿大才成立加拿大广播公司，此前只能收听美国广播。加拿大的曲棍球原为游戏，出名的球队被美国大亨买进后，变成营利的生意。加拿大人有许多地方仿效美国，如衣着、语调和饭食口味等。加拿大的歌手要先在美国唱红后，才会被加拿大人视为歌星。魁北克的情况虽然有所不同，但美国广播亦深入居民住户。但在加拿大人中，就美国的生活方式也有不同看法，有的认为是进步昌盛的，有的认为是放荡不羁的。青年人大都向往美国大都市生活。据统计，1927 年 8 所加拿大大学毕业生有 13%流往美国，其中多为学工程和医学等应用学科的学生。1921—1927 年加拿大人

---

[1] Samuel Flagg Bemis, *A Diplomatic History of the United States*, New York: Henry Holt and Co., 1942, p. 796.

移往美国的人数达 63 万余。这时正值美国经济繁荣的年代。移往美国的加拿大人主要是为了追求较高的经济生活水平，有的年轻人是为了接受较好的教育。

六、30 年代加美关系

20 世纪 20 年代期间，加美政府间的交往大多是商务活动，所以加美发生摩擦的地方多属经济方面的问题。虽然加拿大经济交往的走向这时还是东西向的，即贸易主轴线是横越大西洋，而不是向南，但是 1922 年美国的关税法对加拿大农产品打击至大，在整个 20 年代加拿大向美国农产品出口一直没有恢复到 1921 年的水平。1922 年美国新关税法，特别是 1930 年《霍利-斯穆特关税法》实际上中断了加拿大对美国出口牲畜和乳制品的贸易，小麦、木材等也受到限制。1929—1933 年的经济大恐慌对加拿大来说更是雪上加霜，生产总值下降 49%，美国生产总值也下降 53%。[①]祸起萧墙，两国自顾不暇。

加拿大对美国 1930 年提高关税的反应是针锋相对地提高本国的关税。1927 年和 1930 年加拿大关税法对美国工业品课以重税。1932 年渥太华帝国会议上，加拿大仍采取"帝国优惠制"，将关税率分为三类：①最优惠税率，实行于诸自治领；②次级优惠制，实行于同加拿大订有贸易条约的国家；③高税率，实行于与加拿大无贸易条约的国家，其中主要是美国。对于加美间展开的贸易战，美国国务卿科德尔·赫尔不无遗憾地说，优惠制对美国是个"很大的损伤"。

当经济恐慌逐渐消退，美国经济开始走出低谷时，美国国会于 1934 年6 月制订《互惠贸易协定法》，规定凡同意对美国降低关税的国家，总统可降低其关税；对于某种货物的主要供应国，所减少的关税可达 50%。

根据这项法案，美国与加拿大于 1935 年签订了美加间第二个贸易协定。美国总统富兰克林·D.罗斯福（Franklin D. Roosevelt）与新当选的加拿大总理麦肯齐·金（McKenzie King）在华盛顿会晤时承认，1929 年之前，

---

① Charles Kindleberger, *The World in Depression, 1929-1939*, Berkley: University of California Press, 1973, pp. 191-192.

加拿大从美国购买的货物比所有拉丁美洲国家购买的总和还多。①由此可见美国要与这个老主顾拉拢生意的原因。互惠贸易协定于 1936 年 1 月 1 日生效。它虽然还未克服 1932 年渥太华帝国会议所订定的"帝国优惠制"的影响，加拿大的税率在英、美、加三国中仍居高位，但加美双方都大大压低了关税。1937 年在续订 1932 年渥太华协定时，根据 1935 年加拿大—美国贸易协定，加拿大决定对美国不再采取高税率，而是实行中等税率或协定税率；②美国方面对加拿大则取消了福德尼-麦坎伯税则，并废除了《霍利-斯穆特税法》中对加拿大出口货物的限制。加美双方的这些措施和加美的接近不仅对两国经济复苏都有益处，而且在欧亚战争阴云密布的形势下，对于密切英美的关系，也起到"挽钩针"的作用。③这种作用的重大意义恰恰在于，它发挥作用之时，正值欧亚法西斯侵略势力猖獗之际。

1931 年日本法西斯势力在中国东北发动九一八事变，开始了侵华战争。接着，1933 年希特勒在德国夺取了政权，在欧洲也开始了侵略扩张活动。1935 年希特勒德国宣布不遵照凡尔赛和约。同年意大利法西斯军队入侵，并于次年完全占领了埃塞俄比亚。1936 年德、意支持西班牙佛朗哥发动内战。1937 年 7 月，日本开始大规模入侵中国。继日（1933 年）、德（1934 年）之后，意大利于 1937 年退出国际联盟，至此国联寿终正寝。1938 年德国入侵捷克斯洛伐克、1939 年入侵波兰之后，第二次世界大战爆发。

在这国际风云急剧变化的年代里，加拿大和美国采取积极靠拢的政策。英、加、美三角格局正是在这些年里开始逐渐向加美双边关系转化。

第二次世界大战爆发之前，美国一直不愿卷入欧亚争端，采取中立和绥靖外交政策，例如对日本侵略中国东北，只声明"不承认主义"，对慕尼黑会议，表示赞同，但为了防止欧洲法西斯侵略势力蔓延到美洲，已开始实行一些御防措施。这种举措在受其主宰的拉丁美洲国家比较简单易行，但对一直停留在门罗主义大门之外的加拿大来说，就不那么容易了，因为加拿大背后存在着英国的重大利益。美国在加拿大推行联防计划时，不能不采取投石

---

① Robert Bothwell, *Canada and the United States: The Politics of Partnership*, Toronto: The University of Toronto Press, 1992, p. 16.

② Samuel Flagg Bemis, *A Diplomatic History of the United States*, New York: Henry Holt and Co., 1942, p. 803.

③ 唐纳德·克赖顿：《加拿大近百年史》下册，山东人民出版社 1972 年版，第 32 页。

问路的方式。1936 年美国与拉丁美洲国家举行布宜诺斯艾利斯国际会议时，美国国务卿科德尔·赫尔（Cordell Hull）就放出试探性气球。他说，非美洲国家若"对我们进行侵略时，它将会发现，我们整个西半球为了我们共同的安全利益，准备全力进行相互协商"①。赫尔在说完这番话后，注意到加拿大并无不良反应。

同美国一样，加拿大对欧亚法西斯的侵略活动也采取隔岸观火的态度，唯恐徒遭回禄之灾。1935 年到了被认为是最后的时刻，加拿大方对侵略埃塞俄比亚的意大利宣布制裁。当 1200 名加拿大人参加反西班牙佛朗哥法西斯政权时，加拿大政府以两年监禁威吓参加者，致使 1/3 人中途退出。迟至 1937 年加拿大总理麦肯齐·金访问欧洲与希特勒会谈后仍然支持英首相尼维尔·张伯伦（Arthur Neville Chamberlain）的绥靖政策。即使 1938 年 9 月的慕尼黑会议也未对麦肯齐·金的绥靖思想发生影响。1938 年加拿大仍坚持拒绝英国提出的在加设立空军训练学校的建议。只是到了次年，世界大战爆发后，加拿大才同意实施这项庞大的英联邦空军训练计划。

罗斯福实际上从保护北美安全出发，却以商讨延长互惠贸易协定为名，于 1938 年 8 月同麦肯齐·金在安大略省的金斯顿会晤。罗斯福宣称，"我们能够而且肯于保卫我们自己和我们的邻国"，"加拿大自治领是不列颠帝国姊妹邦的一部分。我们向你保证，假如加拿大领土受到任何帝国的威胁时，美国人民是不会袖手旁观的"。②罗斯福的声明虽然是对纳粹德国发出的警告，而且在声明中也竭力避免使用"门罗主义"这个令加拿大闻风变色的字眼，罗斯福在会后也曾否认含有"门罗主义"的含意，但这个声明无疑是美国政府第一次在公开场合把加拿大纳入门罗主义体系之中，因此或多或少给人们这样一种感觉：加拿大的"保护神"似乎要由英国易为美国。对于这个声明，麦肯齐·金只表示审慎的赞赏，并未给予任何承诺。

1939 年 3 月捷克被希特勒占领后，欧洲战争已迫在眉睫。关于参战问题，加拿大国内政治势力一分为二。多数派英裔居民倾向于支持英国，少数派法裔居民倾向于保守中立。麦肯齐·金保持沉默，避免在必须作出抉择之前，在对外政策上国民间发生公开分裂。金派遣便衣军官去美国商讨有关战

---

① John D. Hicks, *The American Nation: A History of the United States from 1865 to the Present*, Boston: Houghton Mifflin, 1946, p. 713.

② Samuel Flagg Bemis, *A Diplomatic History of the United States*, New York: Henry Holt and Co., 1942, p. 883.

争和战争生产的计划。这是加美间这类联系的开端。①但这仅是非正式的纸上谈兵。

当第二次世界大战爆发时，美国是一个观望不前彷徨中立的国家，加拿大则是一个被动的消极的应战国。对战争，加拿大别无选择，只有全力支持英国，并希望借仗英美力量保护其本土不受法西斯势力侵犯。加拿大是由于英国决定作战而参加战争；两年后美国是由于本身遭到日本的袭击而参加战争。战争把加美捆在一起，彼此间双边伙伴关系益趋紧密了。②

思考题：

（1）在加美关系史中，本时期是极为重要阶段之一，原因何在？

（2）进入 20 世纪，英美关系进一步接近的事例有何？对加拿大发生何种影响？

（3）加美间最后边界纠纷是什么？为何得以解决？

（4）内战后，加美两国关税壁垒的发展情况为何？加拿大和美国各采取什么政策？

（5）1911 年美国总统塔夫脱所倡议的美加互惠贸易协定为何遭到加拿大的拒绝？

（6）第一次世界大战期间，加拿大国际地位有何变化？原因何在？

（7）第一次世界大战后，加拿大在外交事务上是如何逐步摆脱英国控制的？原因何在？

（8）第一次世界大战后，美国文化对加拿大影响的增长原因何在？

（9）自美国独立后，加美关于渔业纠纷在历次会议上是如何解决的？最后采取何种解决措施？

（10）1935 年加美订立互惠贸易协定的背景为何？

（11）英、美、加政治经济三角格局是如何形成的？加拿大在其中的地位为何？英、美、加三角关系格局逐渐转向加美双边关系的始发事例有何？

（12）第二次世界大战前夕，加拿大所处的国际地位为何？其主要对外政策为何？

---

① Robert Bothwell, *Canada and the United States: The Politics of Partnership*, Toronto: The University of Toronto Press, 1992, p. 18.

② Richard W. Van Alstyne, *American Diplomacy in Action*, Palo Alto: Stanford University Press, 1947, p. 125.

第五章　第二次世界大战及其后加美关系

（1939—1995 年）

一、二战期间加美关系

在加美关系史上，第二次世界大战是一个显著的转折点，也可说是"加美关系史上的一个分水岭"[1]。1935 年，在两国经济恐慌余波的推动下，加美签订互惠贸易条约，结束了历时近 70 年的贸易壁垒，削弱了长期存在的英帝国优惠制，加美关系趋向接近的进程日益加速。第二次世界大战的爆发，使加美两国的"结子打得紧了"[2]，从而美国取代了英国在加拿大的势力，英、美、加北大西洋三角关系转变为加美双边关系的格局。

（一）战时加美军事关系的加强

1939 年 9 月 1 日，德国举兵侵入波兰，3 日英法向德宣战，揭开了第二次世界大战的帷幕。9 日加拿大议会摆脱了孤立主义的束缚，以绝对多数票通过对德宣战决定。当时加拿大人想，他们不必到海外作战，只要向英国提供战争物资，就可以了。英国也曾向他们作过这样的保证。但法西斯侵略势力蔓延的迅速和英法所面临的危急情况，都出乎他们意料。欧洲局势迫使加拿大不得不进一步靠拢美国。战争期间，英国首相丘吉尔（Winston Churchill）虽然代表不列颠联邦与美国总统罗斯福进行谈判，但在加拿大问

---

[1] Robert D. Cuff, and J. L. Granatstein, *Canadian-American Relations in Wartime: from the Great War to the Cold War*, Toronto: Hakkert, 1975, p. 113.

[2] Richard W. Van Alstyne, *American Diplomacy in Action*, Palo Alto: Stanford University Press, 1947, p. 127

题上，不得不拱手退让。对英国来说，不列颠联邦已成为令它发窘的负担了。

1940 年 4 月德军攻占了丹麦全境，开始侵入挪威，5 月大举入侵荷兰、比利时和卢森堡。15 日荷、比相继投降。英军被困于敦刻尔克。5 月 26 日至 6 月 4 日，英军冒着德国飞机的轰炸，撤离大陆。6 月 10 日意大利对英、法宣战。14 日巴黎陷落。英国危在旦夕，受着隔海相对的德军的威胁。

在这种危急的情况下，8 月 17—18 日。罗斯福为了讨论北美防务问题，邀请加拿大总理麦肯齐·金在纽约州的奥格登斯堡开会。会议缔结协定，成立一个常设联席防务委员会，并规定该委员会立即开始工作，研究有关海、陆、空军以及人员和物资等问题，考虑"西半球北部"的广泛的防务。金对这次会议感到十分欣慰，但丘吉尔大为不悦。他认为，这次会议等于加拿大从一个帝国转到另一个帝国[①]。丘吉尔所言具有自怨自艾之意，饱含酸涩悲伤的情调。

这次会议的重要性由"常设"和"联席"两个名词可以看出，加美双边军事防务活动被长期固定下来。

会后 8 天，防务委员会即由 11 名成员组成两个小组。美国组由 6 名委员组成，加拿大组有 5 名委员。各组主席及一名成员须由平民担任，其余 7 名委员分别代表军方 7 个方面。开始时，防务委员会特别强调大西洋沿岸防务，关于大西洋护航和反潜艇等军事活动的讨论是极度保密的。

9 月 15 日英美又签订协定，美国以 50 艘逾龄驱逐舰换取英国在西印度群岛属地巴哈马、牙买加、圣卢西亚、特拉尼达、安提瓜及英属圭亚那 6 个海军和空军基地，无偿使用 99 年。此外，英国还把在纽芬兰[②]南部海岸和百慕大的大海湾（Big Bay）租给美国。驱逐舰与基地交换协定标志着美国的军事注意力已离开了奥登斯堡协定的规定的范围，已由大陆防务转向北大西洋三角防务。实际上，在 1941 年春季，美国海军就参加了大西洋巡逻与护航军事活动。

自英军从欧洲大陆撤退回英国之后，加拿大即派出全部驱逐舰去守卫英吉利海峡，防御德军渡海进攻。在加拿大陆军守卫线后面，英军才得到喘息

---

① Desmond Morton, *A Short History of Canada*, Edmonton: Hurtig Publishers Ltd., 1983, p. 199.

② 纽芬兰于 1934 年方成为英国殖民地。1949 年连同拉布拉多，成为加拿大的第 10 个省。二战期间，在波特乌德（Botwood）附近建立空军基地。英国一位史学家曾形象地形容纽芬兰长期在英帝国的地位。他说，纽芬兰是英国停泊在北美岸边的一艘"渔舟"。（参见 J. M. S. Careless, *Canada: A Story of Challenge*, Cambridge, England: Cambridge University Press, 1953, p. 12.）

机会，开始重新组建败下来的军队。为了加强北大西洋巡逻护航任务，加拿大加速建造船只，扩大海、陆、空三军人数。至大战结束时，加拿大海军吨位已达世界第三位。

1940 年 12 月，英国和加拿大分别与美国订立贸易互惠条约，有关双方均降低关税。1941 年 3 月，美国国会通过《租借法》授予总统以出售、交换、租借或转让任何军需品的权力。这个法案突破了 1939 年《中立法》中"现款自运"原则，使英国取得美援更加便利。就内容实质言，《租借法》是美国向英国输血的有效手段，但也给战前英帝国优惠制以致命的最后一击。

在这种情况下，罗斯福于 1941 年 4 月邀请麦肯齐·金在罗斯福宅邸海德公园举行会议，商讨共同使用战争物资，加强两国战争生产能力等问题。20 日发表了《海德公园宣言》（以下简称《宣言》）。这个《宣言》标志着加美两国共同动员各自资源，正式进入合作生产军需品的阶段。加拿大向美国提供部分原料，美国向加拿大供给大宗军工产品，加美两国在经济上的联系更加紧密了。

《宣言》的起草人是麦肯齐·金。罗斯福对草稿未作重大的改动，只是删去了美国根据《租借法》为英国从加拿大购买货物一语，并将铝添入加拿大向美国提供的战争物资项目之内[①]。罗斯福所以欣然同意麦肯齐·金的《宣言》草稿，是因为：①美国急需加拿大的天然资源，且加拿大所购美国战争必需品全付现款；②在战争开始时，美在加投资达 4.15 亿美元，占外国在加投资的 60%，美国需要保住这笔投资；③军事和战略问题是当时首要问题，其他问题均为次要。

共计 6 段文字的简短《宣言》声称，加美两国首脑"讨论了为地区和半球防务而最迅速有效地利用北美生产设备问题，以及除各自规划安排外，加拿大和美国须向不列颠和其他民主国家提供援助问题"。《宣言》还宣称"加美双方各向对方提供最优产品，特别是尽快生产的防务器材；生产计划也必须协调至终"；"加拿大加速某些军火、战略物资、铝和船只的生产"；"未来的几个月内，须向美国提供 2 至 2.3 亿美元的防务器材"。《宣言》还规定，加拿大从美国所购置的防务器材中包含加拿大为不列颠生

---

① J. L. Granastein, and R. D. Cuff, "The Hyde Park Declaration 1941: Origins and Significance," *The Canadian Historical Review*, Vol. 55, No. 1 (March 1974), p. 73.

产装备和军火方面所需的部件。双方同意不列颠可根据《租借法》获得这种部件，并可将这种部件转交加拿大完成装配工作。

《宣言》发表几天后，麦肯齐·金在加拿大议会发表演说称，《宣言》不只是奥格登斯堡协定的延伸，也是一个加美共同援助不列颠的协定。麦肯齐·金还说，《宣言》的基本原则是生产合作。加拿大不仅向美国提供金属，还有某种衣物、木材产品和保密机械。作为回应，美国向加拿大供给飞机引擎以及其他若在加拿大生产会过于费钱的特种装备。[①]

从《宣言》的内容看，30 年代初在加拿大流行的"同扬基不交往、不交易"的口号已经过时，听起来已感到刺耳了。[②]

为了实施《宣言》的规定，1941 年加美又共同成立了 3 个机构：物资调配委员会，联席经济委员会和防务生产委员会。1942—1943 年间，在这三个委员会之上，又成立了几个统筹委员会，负责储备和分配战时生产所需的物资。这时华盛顿成为加拿大和美国的共同反法西斯势力的中心，它们的联合行动已密不可分了。

除联合进行军工生产外，加美间同样显著的战时合作行动是在加拿大东北部和西北部修建了两条运输线。其作用既是为了武器转运，又为了海上巡逻。1941 年 4 月，美国声称把格陵兰纳入门罗主义范围，并与丹麦驻美公使订立协定，美军进驻格陵兰。7 月又与冰岛达成协议，美军进驻冰岛首都。这些军事行动为建立东北运输线奠立基础。

东北运输线是常设联席防务委员会最早兴建的军事运输线，由一系列飞机基地组成，大概完成于 1941 年，由美国东部始发，经魁北克、拉布拉多、格陵兰，直达冰岛。由此分航苏联、英国和地中海等地。西北运输线起初也是由飞机基地组成，由艾伯塔省省会埃德蒙顿始发，经皮斯范地区、育空领地首府怀特霍斯，至阿拉斯加的费尔班克斯。1942 年兴建地面公路，把各飞机基地联结起来。这条路是用作运输重武器的。

1942 年，加美在华盛顿成立了联合参谋部，在纽芬兰、冰岛和阿拉斯加两国士兵协助军事活动。加拿大士兵在阿留申群岛曾夺回一度被日本占领的基斯卡岛。加美为完成特殊军事任务，还组建了一个训练机构。

① Richard W. Van Alstyne, *American Diplomacy in Action*, Palo Alto: Stanford University Press, 1947, p. 130.

② Alexander, Brady, and F. R. Scott, eds., *Canada After the War. Studies in Political, Social and Economic Policies for Post-War Canada*, Toronto: Macmillan, 1944, p. 135.

（二）合作中的忧虑

战争时期，加拿大同美国在经济上和军事上紧密合作，共同支援英国和其他盟国，一致反对法西斯德、意、日侵略势力。这是当时两国关系的主流。但由于过去加美间存在的矛盾，以及两国国力的悬殊，加拿大对于美国心有余悸，怀有微妙的警惕感。

1939 年战争初起时，英法尚认为德国所发动的战争是有限度的，他们可以用海上封锁的办法来对付德国。这也是过去欧洲战争中常用的办法。当时加拿大采取隔岸观火的孤立主义政策，也极力避免卷入美国政界关于中立政策的辩论。战争爆发后，在加拿大，由于魁北克反对征兵制，征兵问题成为国内政治矛盾的焦点。加拿大当时所招募的兵士只限于防卫东西海岸。若实行征兵制，向欧洲派遣远征军，还须经过一系列的政治抗争。这时美国也不过问加拿大的内部政治纠纷，在战争局势不明朗时，两不相扰，为后来不断接近创造了有利的条件。但随着战争的扩大，加美关系日益紧密时，加拿大对美国固有的疑虑就显现出来。

在标志两国合作高潮起点的《海德公园宣言》中，涉及付款方式时，就可见到加拿大极力回避美国未来的经济控制权。战时加拿大从美国购货，均付现款，不肯利用《租借法》所提供的优厚条件，为英国军工品所使用的《租借法》贷款必须记在英国账上。

当 1940 年 6 月法国陷落后，美国首先关心的是英国海军的命运。假如英国海军落入德国之手，那就等于大西洋失守了，美国就会受到直接的威胁，因而罗斯福希望通过麦肯齐·金，以表达金自己意见的方式，转告丘吉尔把英国海军分散到英帝国各地，借以保住英国海军的完整存在。罗斯福也希望麦肯齐·金同其他自治领计议，共同对英国施加压力。罗斯福的想法表明他对英国失去信心。这不仅遭到丘吉尔的断然拒绝，也引起金的反感。他在日记中写道："美国似乎是要以牺牲英国为代价去拯救自己。"[①] 金感到左右为难，认为自己处境不佳。这次金所受罗斯福的委托，大概是加拿大在英美间扮演着最后一次"挽钩"作用了。

关于增强北美大陆联防问题，加美各有自己的考虑。美国为了自身安全，必须加强北方毗邻加拿大的防御力量，而加拿大考虑到英国前途未卜，

---

① Robert D. Cuff, and J. L. Granatstein, *Canadian-American Relations in Wartime: from the Great War to the Cold War*, Toronto: Hakkert, 1975, p. 97.

也须未雨绸缪，与美国合作。但加拿大总督和英国自治领事务国务大臣都曾担心加拿大同美国的关系过于紧密，以至疏远英国。他们忧虑加拿大"从英国的自治领转变为美国的保护国"。[①]早在 1940 年 7 月一批与加拿大国际研究所有关的专家所起草的《加拿大立即行动计划》中，也着重说明加拿大应主动提出联防计划，以便保持加拿大的独立地位。[②]

　　加拿大人认为，奥格登斯堡协定对加拿大是利害参半。就当时国际紧张局势看，有利于加拿大的安全保卫，但从与美国协调经济和军事行动，特别是从战后趋势看，则不免有受制于人的隐患。加拿大虽然在面积上居世界第二位，但人口仅为美国的十分之一，在经济上更不能同日而语。这种不平衡的现实不能不令加拿大人忐忑不安。[③]

　　1941 年 12 月 7 日日本偷袭珍珠港后，加拿大先于美英向日宣战。这虽然是出于偶然的原因，但说明加拿大已完全摆脱了犹豫踟蹰的状态。美国政府从战争大范围考虑，反而愿意同英国直接打交道。随着战争范围的不断扩大，加拿大在美国对外政策中的地位不断削弱，在英美间的中间人作用迅速消失。早在 1941 年 8 月，罗斯福和丘吉尔于停泊在纽芬兰海岸外的威尔斯亲王号上会晤，并发表了《大西洋宪章》，而加拿大未被邀请。当时美国是一个未参战国，而加拿大是西半球唯一参战国。麦肯齐·金没有在场这一现象是十分显眼的。加拿大第一次意识到，在战争问题上，它已不能起"译员"或"斡旋者"的作用了。在 1943 和 1944 年，英美在魁北克举行的几次会议中，麦肯齐·金只是出席拍照，从未参加战争决策的讨论，好像是把房子租给别人去开会似的。[④]

　　1942 年 1 月 1 日联合国宣言公布了，但英美未交出作战指挥权。1941 年 12 月成立的联合参谋部完全由英美军官组成，未准加拿大参加。在美国看来，加拿大仍是英国在北美的殖民地，丘吉尔更不愿自治领分享他的权力。丘吉尔一意要恢复的不一定是联邦，而是一个帝国。他所要的是自治领的人力和物力，以此作为对抗美国政治优势的砝码。与此相反，美国不希望

　　① Robert D. Cuff, and J. L. Granatstein, *Canadian-American Relations in Wartime: from the Great War to the Cold War*, Toronto: Hakkert, 1975, p. 101.

　　② Robert D. Cuff, and J. L. Granatstein, *Canadian-American Relations in Wartime: from the Great War to the Cold War*, Toronto: Hakkert, 1975, p. 98.

　　③ Robert Bothwell, *Canada and the United States: The Politics of Partnership*, Toronto: The University of Toronto Press, 1992, p. 20.

　　④ 唐纳德·克赖顿：《加拿大近百年史》下册，山东人民出版社 1972 年版，第 369 页。

英国维持它的帝国，至于英联邦也不在美国关切的范围之内。

　　关于战事，罗斯福和丘吉尔并不征询麦肯齐·金的意见，金也不谋求战争指挥权，因他不愿加拿大士兵伤亡过重，从而激化国内关于征兵制问题的争执。他满足于让加拿大士兵留在英国本土，担任防卫任务，以及未来参加反攻西欧大陆的任务。1940—1941 年间，金反对将加拿大部队派往埃及和利比亚作战。虽然 1941 年 12 月驻守香港的加拿大士兵参加了战时第一次战斗，即寡不敌众的反日本侵略军的战斗，但在 1945 年金反对把加拿大部队派往印度、缅甸、新加坡作战。在 1944 年 9 月，金在渥太华一次会议上说，罗斯福和丘吉尔都希望加拿大分担阿留申群岛巡逻任务以及在中国大陆对日作战的任务，但金认为，这种想法是不对的，因为在远东英美有他们的利益，而加拿大在那里"并无一英亩土地"[1]。

　　加拿大对美国的一些战时措施，深感疑虑。例如，他们对美国 1942 年开始修建阿拉斯加公路疑窦丛生，感到主权受到侵犯。金认为，这条公路与其说是为了防御日本人，毋宁说是美国想染指整个西半球。他们说，美国人把加拿大看成一群埃斯基摩人[2]。这句话流露出他对美国蔑视加拿大主权的不满情绪。加拿大外交部认为，美国花费大量金钱，在西北部修筑道路，是为了从加拿大攫取广泛的利益。[3]加拿大一位外交官甚而认为，加拿大政府每每对美国要求作出让步，这等于使加拿大渐渐成为美国的不正式兼并的"附属国"。[4]

　　虽然加拿大存有这些疑虑，但由于地理位置的接近，在经济和防务上对美国的依赖，加拿大很少有回旋余地。1940 年加拿大一位史学家写道："在 1940 年，我们的历史从不列颠世纪转入美国世纪。我们的安全是依赖美国的，我们没有别的选择，只有跟随美国的领导。"[5]1941 年 10 月一个加拿大记者写道，"我们被看作是个穷表弟，山姆大叔尽依靠我们去做他们要

　　[1] J. W. Pickersgill, and D. F. Forster, eds., *The Mackenzie King Record*, Vol.2, 1944-1945, Toronto: University of Toronto Press, 1968, p. 73, p. 112.

　　[2] Robert D. Cuff, and J. L. Granatstein, *Canadian-American Relations in Wartime: from the Great War to the Cold War*, Toronto: Hakkert, 1975, p. 108.

　　[3] Robert D. Cuff, and J. L. Granatstein, *Canadian-American Relations in Wartime: from the Great War to the Cold War*, Toronto: Hakkert, 1975, p. 108.

　　[4] Robert D. Cuff, and J. L. Granatstein, *Canadian-American Reltions in Wartime: from the Great War to the Cold War*, Toronto: Hakkert, 1975, p.109.

　　[5] Kenneth McNaught, *Canada*, London: Penguin, 1988, p. 282.

做的事"①。一名加拿大驻美公使也曾写道，"在战争年代，他们（指美国）给予我们所需要的东西。假如他们不采取合作态度，那么，我们的处境就很困难"②。

加拿大为了增加对美国和国际事务的影响，在 1943 年把驻美领事升格为大使，但效果并不显著，因为这时美国对外政策已开始踏上攫取世界霸权的征途了。敦巴顿橡树园会议（1944 年 7 月 21—22 日）和布雷顿森林会议（1944 年 7 月 1—22 日）为其主要标志。美国力图执掌全球性的政治和经济的牛耳。早在 1942 年 11 月，美加交换文书，确定在建立战后新国际秩序中，彼此相互合作。加拿大的确所拥有的回旋余地更不多了。

1945 年 7 月加拿大战时内阁决定将其与美国建立的大陆防务关系延续到战后。很显然，加拿大同英国联邦的关系已退到次要地位。加拿大已意识到它是一个"北美国家"了。在经济上，加美关系也超过加英关系。1945 年在加拿大居住的外国人投资中，美国人的投资上升到 70%，而英国人的投资却下降到 25%。美国向联合王国输出商品的价值，1944 年为 1937 年的 4 倍。加拿大最终离开了日渐衰落了的不列颠的庇护，把它的命运同美国联系起来了。

在战争时期，加美两国都未受到战火的直接蹂躏。同第一次世界大战一样，加美工业都得到巨大的发展，国力都增强了。战后，美国要以超级大国的实力，问鼎世界，实现其攫取全球霸权的图谋；加拿大则完全甩开了英帝国的束缚，在设法缓解与美国的矛盾中，以自称的"中等强国"的地位，在国际舞台上展现身手。

思考题：

（1）二战期间，加美关系是如何不断加深的？

（2）二战期间，加拿大对美国存有何种疑虑？哪些疑虑是"础润而雨，月晕而风"的预兆？

（3）《奥格登斯堡协定》和《海德公园宣言》的重要意义何在？

（4）二战期间，加拿大在英美间的地位有何变化？加拿大采取什么政策

---

① Robert Bothwell, *Canada and the United States: The Politics of Partnership*, Toronto: The University of Toronto Press, 1992, p. 22.

② Robert Bothwell, *Canada and the United States: The Politics of Partnership*, Toronto: The University of Toronto Press, 1992, p. 22.

以对待这种变化？

二、冷战初期加美关系

当 1945 年 4—9 月联合国组织在旧金山成立时二战还未结束。德国虽已在 5 月 8 日投降，但日本到 8 月 14 日才服输。尽管在战争期间美国与苏联形成的同盟关系还未破裂，尽管"冷战"一词出现在 1946 年，但冷战阴风在 1945 年已经刮起。这股阴风不断升级，越刮越大，直至煽起一场热战——朝鲜战争。1953 年 7 月朝鲜停战协定的订立仅仅标志着冷战初期阶段的结束，但冷战狂风仍然继续，且更加猛烈地呼啸掠过国际政坛长空。在西方冷战大合唱中，加拿大总是追随美国之后。虽然在合唱团中，加拿大为了本身利益，有时唱出微弱的与美国音调不协合的声腔，但由于力量单薄，总是听从美国的指挥棒。

（一）冷战爆发

1945 年在联合国组织建立之前，英国驻美大使哈利法克斯勋爵在多伦多发表演说，强调英联邦成员国在战后外交、经济、防务、政策上，英帝国范围内应团结一致。这种发自衰落的英国的呼吁，无异空谷传音。这时加拿大已紧紧地束在美国外交政策上，不能不处处唯美国马首是瞻了。

美国战时外交政策已为战后称霸世界开辟了道路，在战争结束时战胜国第一次国际会议——联合国制宪会议召开时，冷战就开始了。[①]美国一意图谋控制整个西欧和美洲，并伸入东欧，与苏联抗衡。美苏两霸的冲突越来越明显地升上地平线，美、英、苏三国同盟一步步地演变成美苏两个超级大国的对抗。

在联合国会议上，加拿大虽然反对安理会中大国滥用否决权，虽然表示维护中等国家的权利，虽然提出宪章第 2 条款，借以加强联合国维护世界安全与和平的作用，使之避开走向国际军事集团的道路，但加拿大代表团在旧金山不肯显露锋芒，没有发挥积极作用。麦肯齐·金只参加会议三周，就返回加拿大去参加大选去了。[②]后来加拿大驻联合国代表麦克诺顿将军认为，

① 唐纳德·克赖顿：《加拿大近百年史》下册，山东人民出版社 1972 年版，第 394 页。

② J. W. Pickersgill, and D. F. Forster, eds., *The Mackenzie King Record*, Volume 2, 1944-1945, Toronto: University of Toronto Press, 1968, p. 375.

美国提出的核控制计划——巴鲁克计划——是不真诚的，认为杜鲁门、艾奇逊是美国冷战政策的始作俑者，但加拿大无力，也不愿意触犯美国的冷战政策。

战后，在防务上加拿大早已纳入美国的北美防务圈，特别是加拿大对美国的经济依赖程度加深。这是加拿大不能不依从美国的主要原因。加拿大经济的稳定与发展主要依靠对外贸易的支撑。

战后，传统的对英贸易已不复存在，只有转向美国。战时加拿大所以不接受《租借法》就是唯恐美国在战后建立世界贸易体系时，英国以帝国优惠制为筹码，把加拿大作为牺牲品，同美国作背后交易。

1947年3月，美国总统杜鲁门（Harry Truman）发表"杜鲁门主义"宣言，把世界分成两个根本对立的社会，反苏反共的惊涛恶浪从此滚滚而来。加拿大出于本身利益，其对外政策不可能背弃这个外交事务的框架，只能采取同美国求"大同"的政策。间或有"小异"的话，也只能有节制地迂回地提出或推行。在美国的阴影下，加拿大蹒跚地跟随其后。

1947年11月，西方国家在日内瓦举行会议，讨论西方国际贸易问题，订立了《关税贸易总协定》。该协定冻结了英帝国的优惠制，即帝国优惠关税只能削减，不能提升。这等于过去长期存在的帝国优惠制被取消了，对美国大有好处。加拿大的关税率这次虽未被削减，从中也得到好处，但在后来几个谈判回合中，它的关税还是被减少了。这进一步促使加拿大对外贸易从东西流向转到北南流向。

战后加拿大的对外贸易没有达到预期的发展程度，只有1955年的出口贸易额超过1944年，但进口贸易却迅速增长，尤其从美国来的货物额增长更快。1945—1947年是消费品进口猛长的年代。1947年比1946年从美国进口数量增加40%，其中大量是奢侈品，其次是石油、发电机、铁矿石等。大量进口使通货流入美国。美元和黄金的匮乏又迫使加拿大不得不寻求美国在财政上的支持。

1948年4月杜鲁门签署了《欧洲复兴法案》即马歇尔计划。这个计划是美国既要稳定西欧经济、防止西欧社会变动，又要抵制苏联的影响，实现其全球称霸的图谋。对加拿大来说，这个计划正是雪中送炭，因为美国须从加拿大购买在国内不易购得的货物，送往西欧。这样加拿大就可以用这种方式得到现金，用以支付对美国的欠款。到1949年4月马歇尔计划中贷给加拿大的款项达 7 亿 600 万美元。[①]在 1951 年马歇尔计划中止的前一年，流入加拿大的现金达 1 亿美元。这样缓和了加拿大对美贸易中缺乏美元的问题，汇兑危机终于度过。

这时美国认为，加美贸易应当继续战时联合政策。在 1948 年初，美加关税同盟的说法甚嚣尘上。《生活》杂志竟宣称关税同盟即可实现。这一新闻使麦肯齐·金大吃一惊。他不同意这种说法。他打算把关税同盟的内容纳入《北大西洋公约》中，但事态的发展并未合乎他的一厢情愿。

1948 年捷克斯洛伐克"二月事变"后，美国即向西欧诸国施加压力、促使缔结多边集体防御条约。3 月英、法、比、荷、卢在比利时首都签订《布鲁塞尔条约》。7 月，美国、加拿大和《布鲁塞尔条约》成员正式举行会议，讨论军事结盟问题。1949 年 4 月，由美、加、法等 12 国组成北大西洋公约组织。参与国承担了包括使用武力在内的"必要行动"的义务。加拿大外交部长莱斯特·皮尔逊从没有追问美国外交政策的道德意义，认为苏联单方面应担负冷战责任。[②]

"加拿大成为北大西洋公约组织的成员明显地是美国军国主义领导集团对加拿大政策发生影响的一个实例。"[③]从地理环境和历史条件看，加拿大成为这个由美国控制的军事联盟的最早倡导人之一，是不足为奇的。加拿大在经济和防务上既需要依赖强邻美国，又需要同西欧国家的合作以抗衡美国。加拿大主张在盟约中加入一段关于文化和经济合作的条款，这样使联盟不仅仅是一个军事组织。加拿大的倡议虽然得到美国的赞同，并越过西欧国家的反对，作为第二条款写入盟约，但这个条款形同虚设，并没有发挥作用。[④]加拿大不能不跟随美国，采取军事步骤，在 1950 年初派遣空军和陆军跨越大西洋，开到西欧。

1949 年 10 月在亚洲中华人民共和国成立了。这是一个震撼世界的大事件。长期仰赖美国支持的国民党政权崩溃了，这时加拿大不敢违背敌视新中国的美国的意愿，而采取类似美国等待"尘埃落定"的"等着瞧"政策。本

---

① Robert D. Cuff, and J. L. Granatstein, *Canadian-American Relations in Wartime: from the Great War to the Cold War*, Toronto: Hakkert, 1975, p. 160.

② Robert D. Cuff, and J. L. Granatstein, *Canadian-American Relations in Wartime: from the Great War to the Cold War*, Toronto: Hakkert, 1975, p.118.

③ 唐纳德·克赖顿：《加拿大近百年史》下册，山东人民出版社 1972 年版，第 404 页。

④ Robert Bothwell, *Canada and the United States: The Politics of Partnership*, Toronto: The University of Toronto Press, 1992, pp. 44-45.

来加拿大与中国并无直接的利害冲突，在二战期间建立了公使级外交关系（1941 年底）。两年后，公使升格为大使。南京解放后，加拿大使节未随国民党政府逃往广州，临时代办切斯特·朗宁（Chester Ronning）还在北京租定馆舍，准备北迁。及至朝鲜战争爆发后，朗宁才于 1951 年离开南京，返归加拿大，加驻上海总领事馆也于同年年底关闭。莱斯特·皮尔逊（Lester Pearson）于 1950 年 1 月从英联邦国家外交部长科伦坡会议回国后，曾提出过承认新中国的建议。他后来回忆说，"加拿大本应该承认中国，只是由于美国的干预，未能如愿"[①]。加拿大屈从近邻美国的压力，没有像英国、印度、巴基斯坦、锡兰、丹麦、挪威、瑞典等国，在 1949 年 12 月至 1950 年 1 月间承认新中国。

　　（二）朝鲜战争时期的彷徨

　　二战后美国反苏反共的冷战狂，终于在 1950 年酿成一次地区性的大热战——朝鲜战争。6 月 25 日战争沿着三八线爆发了。同日在美国操纵下联合国安理会通过决议，干涉朝鲜内战。6 月 27 日杜鲁门总统命令美国海、空军支持韩国军队，并下令第七舰队把台湾同中国大陆隔开。

　　加拿大虽然怀疑美国攻越三八线，逼近中苏边境的明智性，但并未公开反对。在联合国，加拿大支持美国的军事行动。加拿大公众舆论对于派遣志愿军赴朝鲜参战的主张都表示不安，因为战后人心厌战，更害怕引起二战期间征兵问题所发生的英裔和法裔间的摩擦。但加拿大政府还是在 8 月派出了 3 艘驱逐舰和一支空军参战，在战争结束前还派出一旅志愿兵。侵朝加军由英国指挥，最多达 8000 人，其中战死者约 300 人。加军至 1957 年方由朝鲜撤走。1950 年 11 月加美恢复了二战期间所实行的共同协作军需生产的做法。当 11 月 30 日杜鲁门向报界暗示也许要以原子弹赢得战争后，英国首相艾德礼飞往华盛顿，提出抗议，反对美国单独使用原子弹。到了这时，加拿大才感到在侵朝战争问题上已越陷越深，便迅速与英国靠拢，力图缩小战争范围，尽快结束战争。加拿大政府通知英驻加大使，表明假如朝鲜战争扩大到中国，加拿大则须重新考虑它在远东所承担的军事义务。1951 年 4 月主张攻击鸭绿江的所谓"联合国军"总司令麦克阿瑟将军被杜鲁门总统撤职。7 月，停战谈判终于开始。此后又有几次战役，其中艾森豪威尔在 1953 年

---

① 转引自刘广太：《加拿大承认中国的历史背景》，《河北师范学院学报》（社会科学版），1992 年第 1 期，第 94 页。

发动的战役在激烈程度上不下于 1950 年秋的初发战争。在美国发动的这些战役失败后，加拿大悄悄给美国泼冷水，表示不赞成用武力统一朝鲜的策划。1953 年 7 月 27 日停战协定在板门店最终签字。

（三）美国影响的增长

朝鲜战争给加拿大带来经济繁荣。1950—1957 年间，除 1953—1954 年在朝鲜战争停止后发生一次轻度的经济衰退外，加拿大经济一直呈上扬趋势。生产迅速上升，就业人数增多，对外贸易不断发展，国民收入稳定提高。在艾伯塔省的埃德蒙顿地区的石油，在魁北克—拉布拉多交界处的铁矿以及纸浆造纸业、天然气、有色金属等天然资源和半成品仍然是经济繁荣的支柱。航空工业、电子工业、造船工业也都复兴或扩展了。

朝鲜战争使加拿大军事开支成倍增长，刺激了生产发展。1949 年加拿大联邦政府防务开支为 3 亿 8760 余万元，朝鲜战争一开始，防务开支即增长一倍，至 1952 年已达 20 亿美元。

到 1950 年日本和西欧的经济复兴工作已有显著成效，朝鲜战争也促进了日本经济的发展，所以在二战结束时期加拿大工业品所据有的坚强地位日益受到强烈的国际竞争，不断衰落，从而又恢复了资源出口国的地位。在这种情况下，加拿大越来越依赖于美国市场和资本。早在 20 世纪 20 年代美国在加拿大的投资数额就急剧增加。在 1945 年全部外资 71 亿美元中，美国投资占 70%，1957 年则增至 175 亿美元中的 76%。美国投资一部分投入诸如公债、债券等，更有一部分集中为企业控股资本。在纺织业和钢铁业中，美国股份比较小；在纸浆造纸工业和农业机械工业中，加美双方投资接近；而橡胶制造业、汽车、汽车零件工业完全由美方资本控制。1948 年美国控制 39%加拿大制造业资本，到 1957 年达到 43%。在新兴的石油和天然气工业中，1957 年美国持有 57%股票，控制了资本 70%。美国还向铁、有色金属冶炼业和精炼业大量注入资本。[①]加拿大政府越来越依赖纽约和芝加哥确定工业方针。[②]

加拿大的出入口贸易也得仰仗美国。1955 年向美的出口占总出口额的 60%，而 73%的进口来自美国。1957 年美国出入口额有 25%是与加拿大进行，超过西欧和拉丁美洲。加拿大与美国进行的出入口贸易占其总额的

---

① 唐纳德·克赖顿：《加拿大近百年史》下册，山东人民出社 1972 年版，第 428-429 页。

② 唐纳德·克赖顿：《加拿大近百年史》下册，山东人民出版社，1972 年版，第 430 页。

2/3，美国从加美贸易中赚取 1 亿 5000 万美元。

随着经济力量的长驱直入，美国对加拿大的文化影响更加扩大和深入。正如作为时尚、印刷品和思想观念资源中心的伦敦让位于纽约一样，加拿大的不列颠文化模式也让位于美国模式。这种影响突出地表现在宣传媒体的渗透力。加拿大人阅读的报刊是《生活》杂志、《展望》杂志、《美国家庭和花园》杂志、《读者文摘》杂志和《时代》周刊等，看的是美国广告和电影，听的是美国广播公司和美国电视公司（1952 年加拿大才开始有电视广播）播出的节目，其中包括新闻、评论、芭蕾舞、歌剧、音乐、戏剧等娱乐节目，而加拿大国营广播公司的听众寥寥无几。根据 1964 年统计，在哈利法克斯，56%的人直接收听美国节目；在多伦多，收听率达 74%；社会科学方面的教授半数不是加拿大人。加拿大的文学、教育、戏剧等领域都缺乏民族独立性。有位史学家生动地叙述加拿大日常生活所受美国影响之深，他写道："一个普通加拿大人在早晨被美国造的闹钟叫醒，用美国造的牙膏和牙刷刷牙，用美国造的剃须刀刮胡刮脸，他早晨看的 1/4 新闻是关于美国的。他上班所驾的车是美国造的。在他走进的办公大楼的电梯是美国造的。整天所用的办公用具大部也是来自美国的。晚上回家后，结束整日工作的活动是听美国广播或看美国电视节目，或读美国小说和杂志，或决定驾车到附近影院看场美国电影。"[1]

为了应对这种美国文化渗透的局面，1949 年加拿大前驻联合国高级专员文森特·梅西被任命为发展本国艺术、文学和科学皇家委员会主席，负责考察"表现民族精神"的机构如加拿大广播公司、加拿大电影发展公司、国立博物馆、国立档案馆、议会图书馆等联邦机关，并分析加拿大学者、科学家和艺术家的地位问题，提出联邦政府拨款补助和建立人文社会科学学会。1952 年梅西虽然成为第一个由加拿大人充任的总督，但他的报告并未能扭转美国文化渗透的大势。这正如 1958 年加拿大成立的"广播管理委员会"，也未能削弱美国新闻媒体的穿透力一样，广播管理委员会虽规定广播和电视节目中有关加拿大的内容不得少于 55%，广播时间不得少于 40%，但由于加拿大人的收听和收视习惯以及加拿大公司经济力量的单薄，规定未能如期实现。1960 年设立的皇家出版委员会也未能促进加拿大期刊的发展。

---

① Robert Bothwell, *Canada and the United States: The Politics of Partnership*, Toronto: The University of Toronto Press, 1992, p. 49.

加拿大工会组织也深深地受美国工会组织的影响。1959 年，加拿大 145 万 4000 工会会员的 73%属于国际工会，而国际工会的总部设在美国，其会员的绝大部分是美国工人。美国会员是国际工会的统治力量，国际工会又是加拿大会员的支配力量。在 20 世纪上半叶间，加拿大工人参加国际工会的人数起伏不定，例如 1919 年占全部会员的 90%，1935 年占 50%。[1]

美国社会文化影响的穿透之深，以致不易分辨加拿大本国政策与美国政策之间的区别，加拿大国内任一新的重大政策总是与庞大的美国政策相关联。[2]

加拿大人对于美国的强权和财势持有反感，例如，对美国国会粗暴干涉加拿大内政的歇斯底里反间谍气氛啧有怨言。[3]加拿大西部大平原种植小麦的农民反对美国津贴小麦出口。加拿大西部矿业主反对美国的关税保护主义政策。一位加拿大历史学家不无感慨地说，加拿大不仅在军事上成为美国的卫星国，在经济上成为美国大公司的分支，而且在文化上也简直成为美国的殖民地。[4]这种从本质上作出的直率的评估是民族主义精神的表露，但另一些同样具有民族主义情感的加拿大人则认为评估过于坦诚，易于引起愧憾难当的失落感，而对于亲美的加拿大人来说，这种评估被认为是杞人忧天了。最后这一部分人乐于输入美国资本，以开发加拿大天然资源，增加就业机会。他们举例说，1947 年美国公司在艾伯塔发展石油后，10 年内艾伯塔省就发展起价值 3 亿加元的新工业。评估的不同，总是因所处经济地位不同而异。实际上，在国家利益名义下决定外交政策的人总是属于高收入阶层的人。他们有机会接受良好教育，有机会在政府重要部门如外贸部、外交部、国家银行以及重要大企业等据有地位。[5]

思考题：

（1）二战后，在加美关系中，加拿大所处的地位与战前有何不同？有何

---

① Leften Stavros Stavrianos, *The World since 1500: A Global History*, London: Prentice-Hall Inc., 1966, p. 413.

② Abraham Rotstein, "Canada: The New Nationalism," *Foreign Affairs*, Vol. 55, No. 1 (October 1976), p. 100.

③ 如 E.H.诺曼事件。加拿大驻埃及大使诺曼在 30 年代曾是共产党员，美参议院国内安全小组委员会于 1957 年 3 月公布了诺曼的经历。诺曼在开罗自戕。

④ 唐纳德·克赖顿：《加拿大近百年史》下册，山东人民出版社 1972 年版，第 462 页。

⑤ John W. Warnock, *Partner to Behemoth: The Military Policy of a Satellite Canada,* Toronto: New Press, 1970, pp. 303-315.

相同？

（2）以朝鲜战争为例，试分析加美关系的特点。

（3）加拿大积极倡议建立北大西洋公约组织的原因？

（4）加拿大从马歇尔计划中得到什么利益？

（5）如何评估美国在经济政治和文化上对加拿大的影响？

三、冷战中期加美关系

朝鲜战争后，美国总统德怀特·D.艾森豪威尔（Dwight D. Eisenhower）和国务卿约翰·福斯特·杜勒斯（John Foster Dulles）竭力鼓吹"边缘政策"，围绕苏联及其盟国建立军事集团，实行"遏制"，并反对新兴的民族独立运动所奉行的中立政策，与另一个超级大国苏联展开控制中间地带的斗争。冷战进一步升级。在两个超级大国激烈冲突的情况下，加拿大与美国的摩擦不时发生。

（一）北美空防问题

杜勒斯在推行激烈的对苏政策的同时，强力要求加拿大改进北美空防设施。1957年加美共同成立了北美空防司令部。司令部设于美国科罗拉多州的斯普林斯，由美加空军司令任正副司令。加拿大派出一个空军中队（在1960年只有9架飞机）参加北美空防区的值勤飞行。这个区域界于加美双方边境之上。在各边境内，可指挥对方空军。

在40年代后期，加拿大积极支持建立大西洋公约组织，以避开近邻美国在军事上的控制。10年后，在北美防务上，加拿大却不能不受到美国的支配，真是在劫难逃。

与北美防务相关联的问题是北方警报系统的建立。北极是美苏距离最近的空航线。在美国强大的压力下，加拿大不能不参加北美雷达警报系统的建设。这种系统须建立在加拿大领土上，由于缺乏技术和资金，加拿大无法独立完成这项工程，又不得不依靠美国提供的技术和大部费用。

在美国的要求下，两国从南到北依次共同建立了三条雷达站网络。第一条名"松树线"，横贯美国北部和加拿大南部大陆。"松树线"在20世纪50年代初完成。1954年两国开始建立两条更北的雷达网，其中之一称为"远距离早期警报线"。这条线用费最高，在艾森豪威尔执政时才得完成，完全由美国人安装和管理。美国军人长期留驻在加拿大，而不受加拿大政府管辖。这不能不令人感到怨愤。加拿大人进入设有雷达站的地区反而需要华盛顿的批准，这更是令人发窘的局面。

在空防装备方面也出了问题。原先加拿大使用的战斗机由加拿大自己设计，价格低廉。加拿大一直认为，这是在高科技领域中的骄傲。但这种装备已经过时，新设计的喷气战斗机 CF-105 成本很高，在国外又不易找到市场，1959 年停止生产。加拿大人推测本国政府要从美国购置飞机，因而表示担忧。同年美加签订了《国防生产分享协定》，加拿大在武器制造和使用上进一步受到美国的支配。

（二）矿业开采以及内河、管道、电站工程

为了大力推行遏制政策和强化冷战，艾森豪威尔加紧开采加拿大自然资源。美国一方面不使本国自然资源过量开发，另一方面以较小的代价去开采加拿大的自然资源。加拿大的铁矿公司是加美合资企业。美方主要投资者是马克·A. 汉纳公司。艾森豪威尔选任的财政部长乔治·汉弗莱（George Humphrey）原是这个公司的经理。他曾说，在圣劳伦斯河下游北岸有数百万吨的铁矿石，这些矿藏若被开采，不仅有利于美国，也有利于欧洲。[①]在魁北克和纽芬兰交界处也发现了铁矿。加美合资开发矿业中最引人注目的是铀矿。早在 1942 年美国军方与加拿大签订合同，为制造原子弹的曼哈顿计划开采铀矿。1947 年美孚石油公司的子公司帝国石油公司在艾伯塔省也发现了铀矿。因美国需要铀矿的数量不断增加，50 年代美国原子能委员会对加拿大铀矿给以津贴价格，1959 年美国购买加拿大铀矿所付款额达 3 亿3000 多万加元。到 60 年代，当美国铀矿够用时，才停止从加拿大购买铀矿石。加拿大的矿业生产同美国的资本、技术和需求有着紧密的关联。

拖延达 30 余年的圣劳伦斯河内河工程，加美也是以国防安全为由而重新提了出来。圣劳伦斯河内河工程包括疏浚从圣劳伦斯河到苏必利尔湖、深27 英尺的航道，在圣劳伦斯河上建一发电站。这项计划早在 1921 年由国际联席委员会（1909 年成立）提出，只因铁路和大西洋沿岸港口利益集团的反对而搁浅。二战后，出于军事缘由，加拿大和美国才在 1953 年达成协议，把圣劳伦斯河下游的铁矿运到克里夫兰和托莱多冶炼。这是这一时期一

---

① Robert Bothwell, *Canada and the United States: The Politics of Partnership*, Toronto: The University of Toronto Press, 1992, p. 59.

项大规模的新的建设工程，由美加两国共有。

另一项规模庞大的工程是泛加拿大管道工程。这项工程是将艾伯塔出产的天然气输送到东部的多伦多和蒙特利尔市场，另一部分输往美国境内的明尼苏达州。加拿大总理路易斯·圣劳伦特（Louis Stephen St. Laurent）在宣布这项工程时曾说，这一工程的重要性直可与 19 世纪后叶修筑通向太平洋沿岸的铁路线相比拟。1956 年 6 月，加拿大议会通过决定，规定工程由一家加拿大公司和一家美国子公司联合经营。由于美国资本起主要作用，实际上管道公司由美国资本家控制。

1961 年 1 月艾森豪威尔政府与加拿大签订的《哥伦比亚河条约》是接近"大陆主义"或"经济一体化"的性质。这项条约有违加拿大联邦政府的意愿，是在不列颠哥伦比亚省的强求下，联邦政府不得不同意与美国联合开发。哥伦比亚河源于加拿大，经美国国境流入太平洋。加拿大希望用该河所发的电力开发皮斯河，美国也想为西海岸提供电力。加拿大与美国谈判开发该河水力发电计划时，是处在大陆计划与国家计划间两难地步。据 1909 年订立的有关边界河流湖泊的条约，加拿大有权独自施工开发；加拿大联邦政府也希望如此行事，但遭到不列颠哥伦比亚省总理的反对。他认为，由一省开发费用太高，不能承受。1961 年两国订立的条约规定，加美联合沿河修建一系列水坝，同时加拿大可使用在美国境内所发电力的一部分。

（三）苏伊士运河危机

1956 年苏伊士运河危机是北大西洋集团内部突发的一次冲突。加拿大自身为北大西洋组织的成员，不能隔岸观火，也不能像过去一样起着挽钩作用。在这次纠纷中，加拿大必须站在美国一方。

当 1956 年 6 月英国军队撤出埃及，结束长达 74 年的殖民统治后，艾森豪威尔便企图对中东石油增强控制，于是对埃及的动向以及美国培植的以色列的安全地位，都倍加警惕。美英利用埃及计划兴建阿斯旺水坝之机，以允诺投资方式，阻止埃及接近苏联。当 1956 年 5 月埃及宣布承认新中国时，杜勒斯暴跳如雷，怒不可遏，遂撤销了经援计划。埃及作出强有力的反应，宣布将英法控制的苏伊士运河收归国有。英法遂与以色列密谋，先后对埃及发动军事进攻。加拿大从其本身利益出发，不希望北大西洋集团发生分裂，首先表示反对英法军事行动，并极力进行斡旋，修补美英间的裂痕。后苏联也出面反对英法入侵埃及。在美苏联合反对下，英法不得不答应停火撤兵。

因澳大利亚和新西兰支持英国出兵，而加拿大和印度表示反对，英联邦内部的严重分歧也公开曝光。二战后，加拿大外交政策的主要轴线仍然是大西洋，但战前在经济上存在的英、美、加北大西洋三角已被粉碎，加拿大不能不"越来越多地把鸡蛋放到美国一家的筐子里"①。

（四）核武器问题、对华贸易问题、古巴问题

1961 年约翰·肯尼迪（John F. Kennedy）继艾森豪威尔就任美国总统，加美关系随即紧张起来。加拿大总理约翰·迪芬贝克（John George Diefenbaker）竭力想制止美国资本对加拿大天然资源的控制，还想尽力开发加拿大北部的巨大矿藏，更希望在外交政策上摆脱屈从美国的地位。这些设想正同新上任的肯尼迪所推行的"新边疆"扩张主义政策相抵触。

还在 1960 年美国总统竞选期间，迪芬贝克就认为，肯尼迪行事鲁莽，急功暴躁。在 1961 年迪芬贝克飞往华盛顿，与肯尼迪举行首次会晤前，美国国务院为肯尼迪准备的会谈参考资料中，也非议迪芬贝克，说他为人优柔寡断，举棋不定。其实这种摇摆正反映了迪芬贝克在加拿大本身利益与美国强大压力之间所处的两难境地。

迪芬贝克与肯尼迪的矛盾首先发生在防务问题上，其中关键问题是核武器问题，后来还在向中国出售小麦和古巴问题上发生摩擦。

在迪芬贝克与肯尼迪会晤时，对于是否接受美国的核弹头，不置可否，但声称假如加拿大接受核武装，就必须置于美加共管之下。肯尼迪追问加拿大是否赞同过去美国与英国间所作的"两把钥匙"的安排，迪芬贝克表示同意。"两把钥匙"意指美英各设一个军官，共同控制核武器，即两国在使用核武器之前，必须取得一致意见。肯尼迪对迪芬贝克所持的模棱态度十分不满。显然，迪芬贝克倾向于加拿大外交部长霍华德·格林的看法。格林一贯反对武装核武器。他认为，加拿大在联合国提倡控制核竞争，若在行动上实行核武装，岂不自相矛盾。②

在这次会谈中，肯尼迪与迪芬贝克的矛盾还涉及中国问题。当时加拿大与中国虽没有正式外交关系，但加拿大小麦却持续进入中国市场。1958 年加拿大宣布解除自朝鲜战争时期开始施行的对华贸易禁令，允许除军事物资以外的货物运往中国，其中主要是小麦。1961 年加对华贸易额为 1.5 亿加元，其中 1.4 亿加元是出售小麦。这笔清理滞销小麦的大额交易，使中国顷

---

① Bruce Hutchison, *Canada: Tomorrow's Giant*, New York: Knopf Press Co., 1957, pp. 1-79.

② Thomas G. Paterson, *Kennedy's Quest for Victory: American Foreign Policy, 1961-1963*, Oxford: Oxford University Press, 1989, p. 92.

刻间变成加拿大的第二大市场，仅次于日本。曾任职加拿大小麦局的一位官员说，在加拿大承认中国之前，小麦局早承认了中国。①中加贸易的增长引起肯尼迪的敌视。在会谈中，肯尼迪表示反对美国新泽西美孚石油公司的一家子公司（加拿大帝国石油公司）为加拿大向中国运输小麦的船只申请燃料。他认为，美国对中国实行禁运，若为加拿大船只供油，会使美孚石油公司触犯美国法律。迪芬贝克斥之为治外法权，并表示拒绝卷入私人公司的业务。最后肯尼迪不得不让步，表示不对美孚石油公司施加政治压力。此次会谈并未制服迪芬贝克。肯尼迪感到大失所望，怨怒交加。②

古巴问题也是当时加美间激烈争论的问题。1959 年 1 月菲德尔·卡斯特罗（Fidel Castro）率游击队攻入哈瓦那，推翻美国支持的巴蒂斯塔反动统治后，立即引起美国反对古巴共和国的活动。1961 年 3 月，美国务卿迪安·腊斯克（Dean Rusk）告诉加驻美大使阿尔诺·赫尼（Arnold Henny）说，美国打算采取措施，禁止向古巴输出机器和车辆部件，并要求加拿大予以配合。当赫尼表示怀疑这种行动的明智性时，腊斯克盛气凌人地说，"美国不愿看到共产主义在古巴建立基地，……必要时派遣军队。这基本是有关门罗主义的问题，旨在保障西半球。而且美国政策不会因加拿大不满而作任何更改。"③在腊斯克发表这番讲话后不久，美国中央情报局于 4 月指挥武装人员入侵古巴，但这次企图在猪湾登陆的入侵活动遭到古巴人民的迎头痛击而溃败。加拿大政府对于声名狼藉的猪湾事件虽然不作声，但拒绝接受美国对古巴实行完全禁运的要求，只禁止战略物资运往古巴。

在猪湾军事进犯失败后，美国在防务问题上对加拿大更步步紧逼。5 月，肯尼迪访问加拿大。行前中央情报局所准备的会谈参考资料中，指责迪芬贝克缺乏政治勇气。这种责难就预示着会谈不会顺利。猪湾入侵的失败更使迪芬贝克顾虑重重。一气之下，肯尼迪在向加拿大议会发表演说时，竟要求加拿大加入美洲国家组织。这等于迫使加拿大像拉丁美洲国家那样，对于国际问题同美国保持一致的立场。肯尼迪这个发言令加拿大人惊愕不已，因

---

① 刘广太：《加拿大承认中国的历史背景》，《河北师范学院学报》（社会科学版），1992 年第 1 期，第 94 页。

② 刘广太：《加拿大承认中国的历史背景》，《河北师范学院学报》（社会科学版），1992 年第 1 期，第 92 页。

③ Thomas G. Paterson, *Kennedy's Quest for Victory: American Foreign Policy, 1961-1963*, Oxford: Oxford University Press, 1989, p. 95.

为加拿大在当时对于所谓"伙伴""大陆主义"和"一体化"之类名词还是畏而远之。[1]

其实，在反苏反共的冷战中，加拿大并不是不支持美国，例如，1961年8月加拿大决定扩军，并增派士兵赴欧洲参加北大西洋公约组织的部队。在越南，加拿大同波兰、印度一起组成的三国"国际监督委员会"中，也曾竭力袒护美国，对于南越和美国违反1954年日内瓦协议的行为置若罔闻，并为美国通风报信。加拿大所担心的是，美国在反苏过程中把加拿大的防务大权完全夺走，尤其警惕美国把加拿大的防务完全拴在美国的核武器上。到1962年10月美苏导弹危机发生时，加美矛盾就公开化了。

10月22日，前美驻加大使、助理国务卿利文斯顿·摩尚特（Livingston Moshant）飞抵渥太华，向迪芬贝克出示照片，说明苏联正在古巴修建导弹发射基地，并声称美将采取封锁古巴行动。当日肯尼迪发表封锁古巴的演说后，在美国科罗拉多州的北美空防司令部立即向军队发出三级警报信号。按规定，加拿大应在两小时内发出同样信号，但迪芬贝克表示此事须由内阁决定，也须观察其他国家特别是英国的反应。当北美空防司令部发出二级警报时，在加拿大国防部长的坚持下，迪芬贝克才于10月24日发出警报令。30日，又在国防部长的坚持下，加拿大内阁决定接受核武装"诚实约翰"导弹和CF-104战斗机，并在北大西洋公约组织中接受同其他会员国一样的在核武器方面所承担的义务。

但美国穷追不舍，逼使迪芬贝克本人表态。1963年1月美国将军、北大西洋公约组织前总司令劳里斯·诺斯塔德（Lauris Norstad）来到渥太华，公开要求加拿大履行义务，用核弹头装备战斗机。这时迪芬贝克政治对手，自由党领袖莱斯特·皮尔逊突然于1月12日改变一贯主张，宣布加拿大军队应接受美国的核弹头。他辩解说，过去承诺的事应当兑现。肯尼迪不愿意迪芬贝克在加拿大执政，国务院遂发布新闻公报，谴责迪芬贝克，故意令他难堪。美国还派遣"选举专家"到加拿大，秘密帮助皮尔逊竞选。迪芬贝克对于美国干预加拿大内政的举动，恼羞成怒，便公然表示反对装备核弹头。4月大选中，皮尔逊取胜。

（五）新贸易摩擦、越南战争问题

自由党政府虽然接受核弹头，毕竟也是一个具有民族主义精神的政府。

---

[1] John Sloan Dickey, "Canada Independent," *Foreign Affairs*, Vol. 50, No. 4 (July 1972), p. 686.

皮尔逊在与肯尼迪的会谈中，作为交换条件，提出限制美国资本大量流入加拿大，以鼓励加拿大人向本国公司投资。

皮尔逊政府控制外国投资的计划体现在 6 月发布的财政预算方案中。方案规定，加拿大公司若售股票与不在加定居的个人或公司时，政府得征收 30% 的转让税；根据各公司所有加拿大股份数量，更改付给不在加拿大定居的人所得红利的扣除税；在加拿大人利益超过 1/4 的公司中，政府允许在计算贬值补贴时予以优惠照顾。美国政府对上述措施深表不满。肯尼迪为皮尔逊事前未与美国商量非常恼火。作为反措施，美国限制了加拿大向美国举债的数额。加拿大抵不住美国的压力，被迫取消预扣所得税的规定。

1965 年 4 月加美签订了汽车产品贸易协定，通称《汽车协定》。这是一项单一产业部门的双边自由贸易协定，使加美两国间绝大部分汽车及其零件实行自由贸易。

新协定也是双方贸易摩擦的结果。在加拿大经营汽车和汽车零件的美国商人抱怨加拿大政府对其本国厂家予以津贴，有损他们的利益。美国政府对加拿大进口贸易遂提高抵消关税（又名反倾销税）。因为美国商人在加拿大境内拥有汽车及其零件生产的 99%，加拿大不得不作出让步，同意免除这一生产部门的关税。

这个协定反映美国竭力打入加拿大汽车这个重要市场的需求，也反映了加拿大需要美国的技术和工业品的支撑。在一定意义上说，这是北美市场一体化的细小的先声。

皮尔逊执政年代正是美国加紧进行侵越战争的时期。1963 年 11 月，肯尼迪被刺身亡之后，副总统林登·约翰逊（Lyndon Johnson）入主白宫。当时侵越的美国"特种部队"的人数已达 15 万。1964 年 8 月约翰逊政府炮制"东京湾事件"，并以此为借口，把"有限战争"升级为"无限战争"，至 1967 年底侵越美军达 50 万，并对越南北方进行狂轰滥炸。由加拿大、印度和波兰组成的国际监督委员会完全瘫痪。

美国在越南的军事行动，引起美加两国人民的反感，反越战、反征兵的群众运动迅速展开，许多美国青年逃往加拿大。1965 年 4 月皮尔逊到坦普尔大学接受"世界和平奖"时，在讲演中他说明轰炸不会起作用，应进行谈判。在讲演前，皮尔逊已通过加驻美大使馆将讲稿送交白宫。会后，约翰逊会见皮尔逊时大发雷霆。他告诉皮尔逊说，皮尔逊的演说是"极坏的"。后他又说，加拿大在他的地毯上"拉了屎"。二人从此不和。"加拿大人又一次领教了美国对其北美盟国所期望的，不是劝告……，而是悄悄的乖乖的服从。"[1]

越南战争时期，虽然在美加国防生产分享协定下，加拿大如同在朝鲜战争一样有利可图，例如 1959—1970 年在电子和飞机制造业方面，就获利 5 亿余美元，[2]但加拿大人民斥责皮尔逊助纣为虐。1967 年 12 月皮尔逊宣布不再担任总理。正如约翰逊不再竞选总统一样，皮尔逊也是被越南战争击败的。[3]

思考题：

（1）加美圣劳伦斯河内河工程与哥伦比亚河电站工程所遇到的困难有何不同？何以得到解决的？

（2）迪芬贝克为何不同意接受美国的核弹头？

（3）在苏伊士运河危机中，加拿大为何不支持英国？

（4）加美在古巴问题上发生摩擦的原因是什么？

（5）皮尔逊为何主张早日结束越南战争？

四、冷战末期加美关系

1968 年 4 月，加拿大自由党人皮埃尔·埃利奥特·特鲁多继皮尔逊担任总理。他虽然认为越南战争是一个灾难，使美国处于孤立地位，但很少评论这场热战，持等待政策，即等待美国新总统理查德·尼克松结束战争。

特鲁多对北大西洋公约并不热心，把驻欧加军减少一半，但尼克松只作表态性质的异议，甚至对美国青年逃往加拿大，躲避兵役问题也未深究。特鲁多打算与中国建立外交关系，但遭到美国的反对，虽然这时美国也在与中国进行秘密谈判。二战期间成立的防务委员会虽未被取消，但停止了活动。特鲁多把注意力集中在国内事务。加美关系大量反映在有关加拿大国内政策

---

① 唐纳德·克赖顿：《加拿大近百年史》下册，山东人民出版社 1972 年版，第 514 页。

② Robert Bothwell, *Canada and the United States: The Politics of Partnership*, Toronto: The University of Toronto Press, 1992, p. 72.

③ Robert Bothwell, *Canada and the United States: The Politics of Partnership*, Toronto: The University of Toronto Press, 1992, p. 96.

方面的问题。特鲁多有一句脍炙人口的名言："一个国家的外交政策实质上是其国内政策的延伸。"[①]其意由其外交活动即可证实。

（一）魁北克分离运动

20世纪60年代中期，加拿大魁北克省分离运动开始激化，并出现有组织的政治活动。美国在对外政策上也开始评估加拿大是否有分裂可能性。

1968年一位名为里尼·莱维斯克（Rene Levesque）的魁北克省前内阁部长，成立魁北克人党，1970年4月大选时，初露头角，赢得1/4选票。这就引起华盛顿的注意。

早在1963年魁北克就出现一个反对加拿大政府的恐怖组织，名"魁北克自由阵线"。他们于1970年冬爆炸蒙特利尔证券公司，还绑架了英国驻加使节与魁北克劳工部长。他们利用这两个人质，向联邦政府施加压力。因为"魁北克自由阵线"与美国黑人激进组织"黑豹党"有联系，美国联邦调查局与加拿大皇家骑警队合作侦察。当加拿大政府宣布在魁北克实行戒严时，被俘人质之一被杀害。尼克松发表声明，表示支持对恐怖分子的镇压。

到1976年，魁北克人党已成魁北克议会中重要的反对党。这时操英语的魁北克人害怕双语种制会给他们带来失业，操法语的魁北克人害怕操英语移民的增多，削弱他们的力量。魁北克总理布拉萨（Robert Bourassa）使魁北克省议会通过法律，限制使用英语，强迫操英语移民的子女上法语学校。这一措施使操不同语言的居民矛盾更深。

11月选举中，布拉萨失败，魁北克人党的莱维斯克当选总理。他不主张立即从加拿大分离出去，但主张全民投票。投票结果是魁北克同联邦政府谈判，以实现一种基于独立主权的联合。魁北克是加拿大第二大省。这种分离活动在国际上引起加元猛跌。

魁北克省是美国的第二大贸易伙伴，仅次于安大略省。魁北克省北部所建立的詹姆斯湾水力发电工程在很大程度上依赖在纽约市场发行的债券，所发电力大量售往美国，1965年售出价值400余万加元电力，1985年增至1亿4000余万加元。70年代中期在美国还出现过"魁北克领事馆"、安大略和艾伯塔的"驻美代表"。由于这些原因，加拿大联邦政府探明美国对这类事的态度，是至关重要的。当特鲁多与美驻加大使会谈时，从华盛顿传来的

[①] 1969年3月25日特鲁多在美国全国新闻俱乐部的演说。见 Roger F. Swanson, *Canadian-American Summit Diplomacy, 1923-1973: Selected Speeches and Documents*, Montreal: McGill-Queen's University Press, 1976, p. 277.

信息是：加拿大的分裂是不符合美国的利益的，美国需要一个稳定的政治和经济伙伴。1976 年 11 月吉米·卡特（Jimmy Carter）当选美国总统。他也不支持加拿大分离运动。1977 年莱维斯克访问纽约，收获无几，但特鲁多访问华盛顿时，则受到隆重的接待。

跟美国政府的政策相反，法国曾企图支持魁北克的分离运动。早在 1967 年 7 月法国总统戴高乐访问蒙特利尔并发表"魁北克自由万岁"的演说。戴高乐的行动受到加拿大政府的反对。自然美国也高兴看到戴高乐所遭到的冷遇。

（二）能源问题

加美间能源贸易历史悠久，最早是煤，接着是电力、石油和天然气。从 1880 年起，加拿大就进口石油，到 1953 年自产的石油才超过进口量。一战和二战期间，美国向加拿大出口石油和煤，以换取需要补充的电力。沿圣劳伦斯河建立的河坝，提供了便宜的电力。1906 年安大略建立了自己的发电站。在加拿大中部和不列颠哥伦比亚均有便宜的水力产生的电力。电力发送由各省经营。1907 年加拿大政府为了限制过多的电力输往美国，曾实行配额制，例如 1955 年仅有 5% 的电力供应美国。

除电力外，美国资本和技术在 20 世纪 40—50 年代还渗入艾伯塔的石油和天然气。1954 年加拿大石油和天然气工业的 69% 由外国资本控制，到 1968 年增至 75%，其中以美国资本最多。尽管美国东部石油利益一再反对，但得克萨斯石油公司与艾伯塔建立的密切联系，使加拿大输美石油与日俱增。

关于加拿大石油输入美国的方式问题，各方议论纷纷。有的美国人认为，应首先发展国内石油业，因为一旦发生战争，海上运输石油极不安全；有的美国人认为，1968 年已在阿拉斯加发现油矿，可以通过海运，也可通过管道，将油运至美国西部海岸。尤其美国西部海港利益集团力倡这种方式。加拿大油田业主注意环境污染问题，主张铺设管道。

美国石油公司曾试图将阿拉斯加所产石油，经北冰洋海峡，运往美国东部。1969 年曾有一只美国船从东向西，破冰穿过海峡，但加拿大政府提出抗议，认为美船侵犯了它的主权。1970 年加拿大议会制订《北极水域污染防护法》，但美国不承认加拿大对北极海峡具有主权，提出反抗议。其间加拿大曾企图取得苏联的支持，因为苏联也有一条很长的北极海岸线。事实上北极航行既费钱，又费时，破冰船不能顺利完成任务，而航行时间每年只有几周，所以加美双方把主权问题搁置起来。

1968—1972 年间，加拿大乐于将石油售与美国，尼克松（Richard Nixon）不急于从加拿大买进石油，反而建议加拿大将西部石油输向东部。加拿大联邦政府不愿干预东部各省特别是魁北克从外国购买价格较廉的石油，不肯听从美国的主张。实际上，加拿大石油产量也在日降，也无力保证向美输送足够的定额。

1973 年 10 月中东战争再起，引起石油危机。阿拉伯国家对支持以色列的国家包括美国实行石油禁运。国际石油价格猛涨一倍。加拿大各省面临冬季缺乏 4/5 石油，遂各行其是。魁北克与伊朗进行谈判，沿大西洋岸各省也与新英格兰接洽进口石油。加拿大联邦要求统一行动，对西部向美输出的石油征收出口税，以补贴东部。同时联邦政府对石油产品加强管制，1973 年 12 月成立了加拿大石油公司。加美因石油问题摩擦又生。

关于从阿拉斯加，经加拿大，向美国修建石油管道问题，在尼克松和特鲁多间进行多次谈判，终未达成协议。加拿大远距离的油井产量日降，只有天然气产量上升。虽然联邦政府希望与美取得协议，但东部各省特别是安大略省主张，在国内石油供应量和价格得到保证后，方可向美输出石油，所以关于石油管道的谈判，断断续续，直到 1977 年 9 月吉米·卡特执政时，加美方达成协议。

1980 年特鲁多第二次执政后，于 10 月采取一项更具有民族主义色彩的政策——国家能源规划（NEP），使加美关系的紧张情况达到 1971 年初的程度[1]，也是 1945 年以来加美关系的最低点。"国家能源规划"规定不准外国人在加拿大北部开采石油和天然气，只有在加拿大公司拥有 50%股份的外国公司方可在联邦土地上开采石油；还规定，联邦政府要从石油收入中提取近三分之一。

"国家能源规划"源于 20 世纪 60—70 年代的民族主义思潮。加拿大人反对美国公司特别在石油和天然气领域的霸道行径，要求由本国人管理与拥有这类工业。70 年代石油价格飞涨，阿拉伯国家组成石油输出国组织（简称"欧佩克"），获利甚巨，令加拿大人垂涎三尺。1979 年石油每桶 20 美元，1980 年增至每桶 32 美元，1981 年达每桶 40 美元。石油价格的突飞猛涨更令加拿大人急于从美国人手中夺回油矿。但"国家能源规划"这项政策

---

[1] David Leyton-Brown, *Weathering the Storm: Canadian-U.S. Relations, 1980-1983*, Toronto: The University of Toronto Press, 1985, p. 4.

法令，引起西部产油省份艾伯塔、不列颠哥伦比亚和萨斯喀彻温的不满，因为它们厌恶联邦政府对石油生产的限制，而且西部边疆和砂地所生产的石油成本甚高，不能赢利。[①]

（三）贸易问题

加拿大与美国在贸易政策上同样时有摩擦。这种摩擦同样是加美双方国内利益集团间的不同主张的反映。就加拿大方面言，有的坚持扩大行省权力，甚而要求分离；有的要求发挥民族主义精神，扩大民族经济利益，坚持全国统一政策，加强中央联邦政府的权力。艾伯塔的石油，天然气利益集团以及不列颠哥伦比亚与魁北克的电力利益集团同美国有关利益集团间的关系紧密，而安大略强调自给为主。其中也夹杂着坚持双语种和二元文化的法裔加拿大人与英裔加拿大人的摩擦。

在特鲁多执政时期，有的加拿大人认为，加拿大贸易政策过于依附或屈从美国跨国公司的权势；另一些人认为，加拿大必须付出一定代价从美国"赎买"加拿大的"经济实力"。特鲁多认为，后一主张会降低加拿大人的生活水平；若实现前一主张，则需强化对外资的控制。

1971 年 8 月，加拿大议会建议成立一个审查机构，对外国（实际上对美国）商业活动进行审查。1973 年 11 月，特鲁多成立"外资审查局"（FIRA），审查外国公司对加拿大公司的兼并活动以及外国新投资项目。这项政策引起美国的反对。美国上诉日内瓦关税贸易总协定法庭，要求加拿大政府对美国作出让步。在美国压力下，加拿大答应不扩大外国投资审查局的行动范围。

对外资审查以及对国内能源的强化管理，使外国投资者锐减。1981 年美国撤出 3 亿 5000 余万加元，1982 年撤出 2 亿 3000 余万加元，许多油田设备也被撤回美国。[②]加拿大资本也跟着逃往美国。这时美国担忧外国资本在美国不断扩大，而加拿大也害怕美国进一步施加报复。特鲁多曾说，跟美国在一起，就如同睡在一个大象旁边。大象每一抽动或每一咕噜，加拿大都会受到影响。[③]

1982 年国际石油价格开始回落，低于加拿大国家能源规划所规定的价

① Robert Bothwell, *Canada and the United States: The Politics of Partnership*, Toronto: The University of Toronto Press, 1992, p. 129.

② Thomas Paterson, *American Foreign Policy*, Boston: D.C. Health and Company, 1991, p. 670.

③ Ralph Nader, *Canadian First*, Toronto: McClelland and Stewart, 1992, p. 1.

格，因此国家能源规划失效。加拿大国民生产总值于 1981—1982 年间下降
11 亿加元。特鲁多遂加紧寻求新的国际贸易渠道，以振兴国内疲软的经济
状况。早在 1972 年加拿大政府开始推行"第三选择"的对外贸易政策。[①]
第三选择意在扩大欧洲共同体和日本的贸易，以期在贸易上避免过于依赖美
国。"第三选择"是与"加拿大优先政策"同时进行的。但加拿大不易找到
贸易伙伴，因为西欧国家和日本都不愿开罪美国，不肯同加拿大结成特殊关
系。到 1981 年左右，"第三选择"政策也同样失败了，因为这时加美贸易
非但没有下降，反而增加了。加元的地位进一步削弱。

　　加拿大经济主要依靠出口，特别是农产品和矿产资源的出口，1980
年，70%工农业产品是输出的。当时加拿大商人不肯进入遥远的没有把握的
市场，加拿大产品在世界市场上也缺乏竞争力。加拿大找不到可以代替美国
的市场。这就是"第三选择"以及"国家能源规划"失灵的原因。何况真正
控制加拿大利率的，是非官方的美国联邦储备银行，而不是官方的加拿大
银行。

　　1984 年 6 月特鲁多退出加拿大政坛时，他的一系列经济改革措施几经
曲折而收效不大，美国仍旧占了上风。

　　（四）酸雨问题

　　环境保护是加美间长期争论不决的问题。争议地区主要集中在大湖区和
圣劳伦斯河水域。

　　早在 1909 年加美成立的国际联席委员会就已负责边界环保问题。1918
年这个委员会曾对大湖区水质污染问题发出警告。30 年代美国还抱怨来自
加拿大空中运输所产生的空气污染问题。二战后，在冷战的刺激下，军事工
业迅速发展。尼亚加拉一带化学废料埋入地下，在其上又建起房屋。沿北纬
49°线和缅因州边界的河流都受污染。

　　酸雨一词从 1975 年才广泛流行起来。大气污染造成酸雨。酸雨系二氧
化氮或二氧化硫与水混合而成的化合物，对于树木、果菜、鱼禽危害甚大。
酸雨也可溶于混凝土，危及建筑物。美国多有燃煤发电站的东北部地区以及
加拿大多有冶铁业的东南部，是酸雨危害最大的地区。

　　关于大湖区污染问题，1972 年加美在渥太华举行会议，签订了《大湖
区水域质量协定》（1978 年续订），成立由加美联邦政府以及有关省和州

---

① 周茂荣：《美加自由贸易协定研究》，武汉大学出版社 1993 年版，第 7 页。

组成的大湖区水域质量委员会，办事处设于温泽（安大略省）。根据协定，加美应各疏浚 60%水域。但由于有关地区和企业间的矛盾，治理工作并不顺利；里根踟蹰不前，引起加拿大的不满。跟 30 年前圣劳伦斯河内河疏浚工作一样，大湖区水域治理工作进度缓慢，迟迟不举。

同疏浚水域有关的问题是河水改道问题。为了保护红河盆地生态环境，加美决定将红河与密西西比河连接起来。北达科他州表示赞成，但艾伯塔省表示反对。工程一再拖延开工，到 1984 年才建筑起葛利森坝的一部分。

（五）国际关系

1968 年特鲁多继皮尔逊执政后，就立意改变过去皮尔逊一手包揽外交事务的专断作风。他广泛听取阁员和专家的咨询意见，着手审查包括国防和外援在内的对外政策。

特鲁多在国内政策上表现了浓厚的民族主义意识。他强调在联邦政府的中央统一权力下，实施行省政府的民族改革，倡导在魁北克进行所谓"平静的革命"，并极力缓解东部地区与西部地区、城市与农村、法裔民族与英裔民族之间的矛盾。这种民族主义意识，也反映在对外政策上。加拿大力图摆脱对美国的过分依赖，寻求独立自主的外交路线，提倡南北对话，发展同发展中国家的关系。1982 年 4 月，加拿大从英国收回早在 1867 年英国制订的《不列颠北美法案》，切断名存实亡的传统帝国的纽带。此后，加拿大所作宪法修正案无须经英国议会批准，具有殖民地残余的束缚完全被铲除。1983年，即执政的最后一年，特鲁多提出和平倡议，呼吁结束冷战，指出核军备竞争例如里根的星球大战的危险性。加拿大还扩大同拉丁美洲关系。1972年特鲁多向美洲国家组织派出常驻观察员[①]，广泛交结中、南美国家，期能达到牵制美国势力的作用。加拿大还拒绝美国对古巴实行全面封锁的要求。

在越南战场上，加拿大力主早日结束战争。根据巴黎协议，1973 年 1月起，加拿大虽是匈牙利、印度尼西亚、加拿大三国组成的维和部队的成员国，但如同过去印度、波兰和加拿大组成的国际监督委员会一样，根本得不到美国的重视。加拿大发出停止轰炸越南的要求，更令尼克松气急败坏。同年 5 月，加拿大宣布从越南撤出维和部队。

加拿大在力图摆脱美国外交束缚方面最为显著的举措是中加建交。在特

---

① 1948 年泛美联盟根据 1947 年在里约热内卢签订的《美洲国家间互助条约》，改组为具有军事同盟性质的美洲国家组织。加拿大对美洲国家组织退避三舍，而于 1949 年却参加了同样性质的北大西洋公约组织。

鲁多于 1968 年首次出任加拿大总理时，加拿大已成为中国的第九大贸易伙伴。这就是中加建交的基础。1970 年 10 月 13 日，中加宣布建立外交关系。这是继英国和法国之后正式承认新中国的第三个主要西方国家，也是"文革"期间第一个正式承认新中国的主要西方国家。[①]因为中国理会到特鲁多实行摆脱美国外交束缚所承受的压力，最后接受以"加拿大方式"结束谈判[②]。拖了 20 多年的中加建交问题得到解决。

特鲁多同几任美国总统打交道。从约翰逊起到里根（Ronald Reagan）止，其间有尼克松、福特（Gerald Rudolph Ford）和卡特。特鲁多对他们总是敬而远之，保持一定的距离，以便实现其具有民族主义色彩的国内外政策。但他的努力均未收到预期的实效。1969 年特鲁多扼要地表述了他所处的境地。他说，"加拿大处于美国世纪中，积极独立的行动范畴预期只有20%"[③]。可是在斯德哥尔摩同中国进行建交谈判，在削减加拿大在欧洲驻军等等问题上，即使20%活动余地也令美国感到不满。

加拿大人自己也在争论究竟加拿大在内外政策上应采取什么方式。自20 世纪 70 年代以来，他们感到应不同于美国模式[④]。加拿大似乎应有一种新的选择，但无论什么选择，总不会躲开南方毗邻巨人的阴影。二战后美国全球称霸政策是以整个美洲作为根据地这一战略观点出发的。到了 80 年代，美国资本主宰加拿大市场的力量胜于 20 年前，防务更加"一体化"，文化渗透更深了。[⑤]

思考题：

（1）美国对魁北克分离运动的态度若何？原因何在？

（2）美加在北美防务问题上有何分歧？原因何在？

（3）加拿大总理皮埃尔·特鲁多国内政策有何特点？

① 刘广太：《加拿大承认中国的历史背景》，《河北师范学院学报》（社会科学版），1992 年第 1 期，第 94 页。

② 李节传：《加拿大特鲁多政府排除美国阻力，推动中加建交》，《历史教学》，1993 年第 11 期，第 16 页。

③ Kenneth McNaught, *Canada*, London: Penguin, 1988, p. 288.

④ Robert Bothwell, *Canada and the United States: The Politics of Partnership*, Toronto: The University of Toronto Press, 1992, p. 144.

⑤ 杨令侠：《由美英加三角关系进入美加双边体系的加拿大》，《南开学报》（社会科学报），1992 年第 6 期，第 29 页。

（4）特鲁多国内政策如何反映在对外政策上？

（5）特鲁多政府同新中国建立外交关系的背景如何？

（6）对特鲁多国内外政策作出总评价。

（7）1965 年加美签订《汽车协定》的意义何在？

五、展 望

1984 年 6 月，自由党人特鲁多辞卸总理职务，由约翰·特纳（John Napier Turner）继任，但其在 9 月大选中被进步保守党人马丁·布赖恩·马尔罗尼（Martin Brian Mulroney）（1984—1993 年）击败。

马尔罗尼在竞选时，就保证恢复加拿大与美国的和睦关系。在 20 世纪 60 年代上期约翰·迪芬贝克与约翰·肯尼迪间，以及 80 年代上期皮埃尔·特鲁多与里查德·尼克松间，加美关系处于低谷。恢复经济关系是恢复和睦政治关系的条件。马尔罗尼向美国投资者、金融家宣布：加拿大要向美国企业开放。他还声明，加拿大政府虽不参加美国总统里根的星球大战计划，但不阻止加拿大私人企业参加。这无异于在美苏冷战中加拿大向美国遏制政策又靠拢一步。同时加拿大也未反对美国海岸警备队派破冰船去北极活动。这说明加拿大已不再坚持北极海岸归加拿大所有，而把北极国际化了。1986 年《北美防务协定》延期 5 年，马尔罗尼承担建立北部警报系统的费用。这项费用属于美国星球大战的一部分。1989 年 10 月马尔罗尼声称愿意参加美洲国家组织，同年 11 月应联合国的要求，首次派遣 2000 名自愿骑警赴纳米比亚，执行维和任务。[1]1991 年 4 月加美续订北美空防司令部协定。

二战后 50 年代是加拿大推行"中等国家"外交的黄金时代，此后则步履维艰了。早在 1962 年莱斯特·皮尔逊就说过，"当你的 60%左右的贸易是同一个国家进行时，你在经济领域中所处的地位就具有很大依附性。这是令人很不愉快的"[2]。在导弹时代，美国对于加拿大领土的欲望锐减。[3]

---

① 加拿大外交及国际贸易部：《加拿大导报》（中文）1990 年秋季号，第 26 页。

② John Wendell Holmes, *The Better Part of Valour: Essays on Canadian diplomacy*, Toronto: McClelland and Stewart, 1970, p.175.

③ John Wendell Holmes, *The Better Part of Valour: Essays on Canadian diplomacy*, Toronto: McClelland and Stewart, 1970, p.168.

"美国治下的和平"是核武器时代"不列颠治下的和平"的新形式。正如古代罗马人一样，美国怀疑进行直接统治的方式，而与不同国家建立不同的政治经济安排。[①]就加拿大来说，在 1939 年它已落入美国的经济势力圈，二战后就成了美国的"保护国"[②]。

在经济上加拿大不能不依附美国，同时美国一意要从经济上"安排"它的势力圈。在冷战结束后，区域性经济竞争就显示出来。在这种情况下，加美自由贸易这股劲风就吹了起来。不同于 1854—1866 年昙花一现的美加互惠贸易，也不同于 1911 年由美国首先提出而最终胎死腹中的美加互惠贸易条约，这次劲风却吹出了成果。

（一）《美加自由贸易协定》

《美加自由贸易协定》（以下简称《协定》）是经过长期酝酿而制订的。"严格说来，……开始于特鲁多执政的后期。"[③]但特鲁多选择的模式是 1965 年"汽车协定"中所制订的部门模式。1983 年 12 月加美在华盛顿开始讨论的自由贸易部门有钢铁、纺织、服装、交通设备等。当时加美间双方投资不仅数额大，而且极不平衡，如 1982 年加在美直接投资为 180 亿美元，而美在加投资为 460 亿美元，比加在美投资高一倍多。[④]这也促进加美双方对自由贸易的要求。1985 年 3 月里根和马尔罗尼在魁北克进行讨论才开始涉及综合性的双边自由贸易。1985 年 9 月马尔罗尼正式宣布要求同美国谈判自由贸易问题。

美加双方代表通过 23 轮谈判，历时 16 个多月，终于 1987 年 12 月 9 日完成《协定》大纲的正式文本。双方争论不休的主要问题是如何对贸易补贴下定义的问题。1988 年 1 月 2 日里根和马尔罗尼分别在协定上签字。在加拿大议会和美国国会分别通过后，于 1989 年 1 月 1 日生效。

《协定》正文共 315 页，另加 1100 多页两国关税减让表，总计 1400 多页。正文由序言和 8 个部分组成，对于农产品、酒、酒精、能源、汽车产品贸易、知识产权、有线电视转播权、国际收支平衡措施、国家安全、音像材

① John Wendell Holmes, *The Better Part of Valour: Essays on Canadian diplomacy*, Toronto: McClelland and Stewart, 1970, p.182.

② Reginald C. Stuart, "Continentalism Revisited: Recent Narratives on the History of Canadian-American Relations," *Diplomatic History*, Vol. 18, No. 3 (Summer 1994), pp. 166,182.

③ 周茂荣：《美加自由贸易协定研究》，武汉大学出版社 1993 年版，第 45 页。

④ David Leyton-Brown, *Weathering the Storm: Canadian-U.S. Relations, 1980-1983*, Toronto:The University of Toronto Press, 1985, p. 3.

料、政府采购法规等都作出规定。《协定》还规定对商品、劳务、投资、供货者和投资者提供"国民待遇"，要求为从事商品和劳务销售、管理投资事前和事后服务人员提供更加自由的国境通行。《协定》最后规定：若一方终止执行协定时，必须于 6 个月前通知对方。

关于商品免税顺序，《协定》还制订了一个时间表，即时免税的有计算机及设备、部分猪肉产品、部分未加工鱼类、皮草及皮革衣着、皮革、威士忌、酵母、动物饲料、铝（未精炼）、自动售货机及零件，列车用气动刹车器、溜冰鞋、部分造纸机器、针、铁合金、滑撬、保养维修零件、摩托车、部分电讯设备；5 年后免税的有地铁车卡，化工品（包括树脂、不包括药品和化妆品）、炸药、油漆、家具、低级纸制品、印刷品、硬木夹板、部分电讯设备、维修汽车零件、部分肉类（包括羊肉）；10 年后免税的有大部分农产品、牛肉、钢材、纺织品及衣服、用具、软木夹板、游艇、列车、汽车轮和多种工业制成品。[①]

因为对外贸易在加拿大经济中占极其重要的地位，而且美国是加拿大的极其重要的经济伙伴，加拿大订立自由贸易协定的主要目的，在于追求进入美国市场的保证，同时吸引更多美国资本投入加拿大，以保障国民收入的增加，失业率的减少，但外资和进口贸易的增长也会带来外贸收支不平衡以及加深美资对加拿大经济的控制。关税被取消了，但非关税障碍如反倾销关税仍然存在。这是由于美方对关税的含义作了不同的解释。将来双边经济运转的效果，还有待历史的验证。但有些加拿大人已忧虑未来加拿大的经济地位进一步削弱而在政治上由美国摆布。

加拿大人民的民族意识方兴未艾，大有助于抵御美国在经济、政治和文化上的大举侵蚀。例如加拿大总理让·克雷蒂安（Jean Chretien）在 1994 年初就曾说到加拿大和美国"两国关系很好，但我不想让加拿大被人看作是美国的第 51 州。我们不是美国，我们是加拿大。在我的任期内，加美关系应是一种更为成熟的伙伴关系"[②]。加拿大遗产部长米歇尔·迪皮伊（Michel Dipie）于 1994 年 12 月也说，"我们这里是加拿大，不是美国。我们不会把文化产品的贸易视同鸡和土豆的贸易"。他又说，对在加拿大版的美国杂志上所做的广告，要征收 80%的税；加拿大电台播放美国歌曲时，播出者

---

① 加拿大外交及国际贸易部：《加拿大导报》（中文）1990 年秋季号，第 15 页。

② 高凤仪：《调整中的加拿大外交政策》，《光明日报》，1994 年 4 月 4 日。

除了向词作者、出版人支付版税外，还须向演奏者和制作公司支付版税。[①]
在 1995 年 1 月克雷蒂安总理又说，如果智利和其他国家加入北美自由贸易
协定，就会形成"一种足够抗衡的力量"，防止美国利用国际条约以采取变
化无常的行动。"加入北美自由贸易协定的其他国家越团结，美国就难以那
种方式行事"。[②]同月，加拿大最高法院否决一个美国乡村音乐频道重返加
拿大的有线电视，支持一个加拿大的音乐影带公司。[③]

在美加自由贸易统一市场建立后，显然加拿大对其外交政策作了重大调
整。加拿大在强调同美国在投资和贸易关系上紧密合作的同时，强调美加间
平等关系，反对"依附"关系。在强大的美国的面前，这一点虽然做起来很
不容易，但加拿大要竭力而行。加拿大将改变 1945 年以来的防务政策，在
国际上增加维和部队的作用，减少防务开支；[④]在西半球密切同拉丁美洲国
家的关系；特别加强发展同亚洲、太平洋地区的关系。例如，当美国利用所
谓"人权问题"威胁要对中国实施取消最惠国待遇的经济制裁时，加拿大总
督雷蒙·约翰·纳蒂辛于 1994 年 4 月访华。这是 1987 年以来加拿大国家元
首首次访华。接着于 11 月，加拿大总理克雷蒂安率领除魁北克省外的 9 个
省的总理、两个地区的政府领导人以及庞大的商界代表团访问北京，还访问
了越南、印度尼西亚和中国香港等国家和地区。

（二）《美、加、墨自由贸易协定》

在美加自由贸易区建成后，美国便积极采取建立美洲经济圈的措施。墨
西哥成为美国要纳入经济圈的第一个对象，因为墨西哥是美国的一个重要贸
易伙伴和投资场所。1987 年美国与墨西哥的贸易额仅次于加拿大、日本和
欧洲共同体。墨西哥是毗邻美国的中美洲大国，是美国向南延展经济圈的第
一站。

美、加、墨三国谈判历时一年半，1992 年 8 月 12 日美国总统乔治·布
什宣布三国达成自由贸易协定，12 月 17 日三国首脑分别签字，经各国议会
批准后，于 1994 年 1 月 1 日正式生效。

《美、加、墨自由贸易协定》较《美加自由贸易协定》所涉及的内容更

---

① 法新社渥太华电（1994 年 12 月 24 日）。
② 路透社圣地亚哥电（1995 年 1 月 22 日）。
③ 加新社渥太华电（1995 年 1 月 26 日），加拿大《明报》，1995 年 1 月 27 日。
④ 路透社渥太华电（1994 年 5 月 17 日）称，美国防部长指出在前南斯拉夫的维和部队中，加拿大
占了很大比重。他要求加拿大参加海地未来的维和行动，但对加拿大大量削减国防预算表示不安。

广，是与 1991 年苏联八一九事件后苏联解体同步发生的。其间虽然没有一定的关联，但两个超级大国冷战的终止，不能不对三国谈判进程产生促进的影响。冷战结束在很大程度上消除了一向唯恐拴在美国原子战车上的加拿大和墨西哥的疑虑，为谈判顺利进展开辟道路。

《美、加、墨自由贸易协定》规定于 15 年内逐步取消所有关税，消除投资障碍，保护知识产权和生态环境，建立一个从墨西哥的阿卡普科到北冰洋这一地区的大一统市场，其人口达 3.7 亿，总产值达 6.77 亿美元。只有由 12 个国家组成的欧洲共同体才是这一集团的对手。

《美、加、墨自由贸易协定》是美国为了对付日本和欧共体的竞争而采取的相应对策。[1]美洲经济圈也形成了与欧洲经济圈、亚太经济圈相竞争的格局。

亚洲各国对于美国强求实行自由化持有戒心。1993 年东盟支持成立一个由 18 个国家组成的亚太经济合作会议，推行区域内关税减免计划。他们很担心美国阻碍其向心力的发展。

美国总统比尔·克林顿（Bill Clinton）打算吸收智利、阿根廷等国，扩大北美自由贸易区。他在 1994 年 3 月 11 日宣称，在北美自由贸易区成立之后，"将这一协定扩大到本大陆其他国家是美国所追求的目标之一"[2]。12 月，34 个美洲国家（古巴除外）在美国佛罗里达的迈阿密通过维兹卡雅协议，打算建立包括 7.7 亿人口的美洲自由贸易区，并规定于 2000 年前完成谈判。1995 年 6 月 30 日，美洲国家贸易部长于美国丹佛签署联合声明，宣布拟于 1996 年确定建立美洲贸易区的时间表。同年 7 月，美国、加拿大和 32 个拉丁美洲以及加勒比国家国防部长于美国威廉斯堡举行会议，讨论西半球安全合作问题。这是 1994 年迈阿密美洲国家元首会议的一次后续会议。会议主持人、美国国防部长佩里（William Perry）强调，美洲国家的"相互安全"和稳定是美洲经济发展的基础。实际上这次会议揭开了西半球军事一体化的序幕。为期 3 天的会议达成的唯一成果是，秘鲁和厄瓜多尔同意在两国边境建立一个非军事区，并就此进行谈判。1995 年 8 月，美、加、墨根据自由贸易协定，决定在蒙特利尔与墨西哥城间修建一条长达

---

① 洪国起、王晓德：《冲突与合作——美国与拉丁美洲关系的历史考察》，山西高校联合出版社 1994 年版，第 378 页。

② 洪国起、王晓德：《冲突与合作——美国与拉丁美洲关系的历史考察》，山西高校联合出版社 1994 年版，第 384 页。

2500 公里、耗资 6000 亿美元的高速公路和一条光导纤维交通监控系统，预计于 1998 年投入使用。

但美洲自由贸易区还未诞生，而刚刚建立的美、加、墨北美自由贸易区就出现了问题。1994 年美加贸易摩擦呈升级趋势。加对美输出小麦由 1989 年的 37 万吨增至 1993 年的 140 万吨，1995 年更增达 250 万吨，美国表示不满。美国盛产小麦的各州指责加拿大对其出口的小麦给予"不正当"的补贴。一个美国参议员竟说，美国应当把民兵式导弹瞄准加拿大，以使加拿大头脑清醒。[①]这种言语虽为戏谈，虽然美国国会议员总是反应迅速，责任心不强，但也看出美国盛气逼人的架势。在墨西哥方面，情况更是险恶。北美自由贸易协定生效后墨西哥民族工业面临考验。尤其 1994 年底墨西哥爆发金融危机，美国投入 5400 亿美元还不能稳定比索，西方七国也为之召开紧急会议。1995 年 3—4 月间美元连续滑坡，一时给美、加、墨自由贸易蒙上阴影。1995 年由于秘鲁与厄瓜多尔之间的战争，以及委内瑞拉与哥伦比亚、智利与玻利维亚之间的边界纠纷，更为拟议中的美洲经济一体化增添矛盾。同年，加拿大魁北克省省长曾到美国游说，要求独立参加自由贸易区协定。美国驻加大使一再强调维持加拿大的统一，从未对魁北克作过任何保证。[②]

1995 年 1 月取代关税贸易总协定组织的世界贸易组织刚刚起步，还未显示其应有的作用。当今世界经济中更为明显的现象是跨国公司起着支配作用。随着地区贸易取代多边贸易，世界范围内的经济竞争将愈演愈烈。这是世界贸易发展的总趋势。

富裕的北方与贫困的南方能够实现何种性质的一体化？一体化会不会成为强者兼并弱者行为的变种？在核导弹时代，高科技汹涌发展的情况下，在强权政治仍占支配地位的情况下，地缘政治与庞大跨国公司的结合如何演变？地区经济集团在不平衡规律支配下的激烈竞争的趋向如何？会产生何种结果？集团在世界贸易中将起何种作用？特别是对加美关系将产生何种影响？这些问题还需要接受历史的检验。

---

① 高风仪：《美加贸易摩擦呈升级之势》，《光明日报》，1994 年 5 月 2 日。
② 加新社魁北克电（1995 年 1 月 24 日），加拿大《明报》，1995 年 2 月 3 日。

思考题：

（1）北美自由贸易区产生的背景为何？

（2）对于北美自由贸易区的前途，作何估计？

（3）对于美洲经济圈的前景，作何估计？

（4）北美自由贸易圈在世界经济格局中发生如何影响？

大事年表

1756—1763 年	"七年战争"
1759 年	魁北克城陷落
1763 年	《巴黎条约》
1774 年	《魁北克法案》
1775 年	大陆会议军入侵魁北克
1776 年	大陆会议制订《条约计划》
1783 年	《巴黎条约》
1791 年	《1791 年宪法法案》
1794 年	《杰伊条约》
1812—1814 年	美英第二次战争
1814 年	《根特条约》
1817 年	《拉什—巴戈特协定》
1818 年	《1818 年条约》
1837 年	加罗林号事件
	1837 年起义
1840 年	《联合法案》
1842 年	《韦伯斯特—阿什伯顿条约》
1846 年	俄勒冈地区划界
1854—1866 年	美加互惠贸易条约
1860—1899 年	加几次向美建议互惠贸易未果
1866、1870 年	芬尼亚兄弟会成员袭击加边境
1867 年	《不列颠北美法案》建立加拿大自治领
	阿拉斯加购买
1869 年	加拿大政府购买哈德逊湾公司的西部土地
	美国建成第一条横贯大陆铁路

1870 年	马尼托巴加入自治领联邦
1871 年	《华盛顿条约》
	不列颠哥伦比亚加入自治领联邦
	英首次从加拿大撤军
1880 年	加拿大首命驻伦敦高级专员
1886 年	加拿大太平洋铁路建成
1892 年	关于白令海海豹问题英美达成送交巴黎仲裁的条约
1895—1896 年	委内瑞拉危机中英国向美国让步，退出拉美
1896 年	加拿大放弃同美国建立互惠贸易的构想，转而采取同英国实行帝国优惠政策
1899 年	加拿大首次向海外派兵，参加布尔战争
	英从加拿大撤走所有驻军
1900 年	英美共同参加镇压中国义和团的八国联军
1901 年	《海—潘赛福特条约》
1903 年	阿拉斯加与加拿大边界划定
1909 年	英允许加拿大在其驻美使馆内设置一个处理加美间事务的机构
	加美订立《边境水域条约》设置"国际联席委员会"
	美国制订《佩恩—奥尔德里奇关税法》
	加拿大建立独立的海军指挥权
1910 年	海牙国际仲裁法庭作出裁决，延长美国在纽芬兰渔场捕鱼权
1911 年	美总统塔夫脱倡议订立加美互惠贸易协定未果
1914 年	加拿大参加第一次世界大战
1916 年	加拿大拒绝参加泛美会议
1917 年	美国参加第一次世界大战
	加拿大参加英战时内阁
1919 年	加以"个别利益"交战国身份参加巴黎和会
	加拿大和美国反对国际盟约中第 10 条款
20 世纪 20 年代	美在加投资迅速增长，美国文化影响亦同步涌入
1921 年 8 月—1922 年 2 月	加美参加华盛顿会议
1922 年	加拿大拒绝英国的要求，反对向鞑旦尼尔海峡出兵

1923 年	加拿大拒绝参加洛桑会议
	加拿大与美国直接签订《关于保护太平洋大比目鱼条约》
1924 年	加拿大与美国直接订立《关于防止走私互助条约》
1925 年	加拿大未参加《洛迦诺条约》
1926 年	贝尔福声称，加拿大的"平等地位"得到承认
	加拿大向华盛顿派出公使
1928 年	加拿大宣布向日本和法国派出公使
1930 年	美国会制定《霍利—斯穆特关税法》
1931 年	英议会通过《威斯敏斯特法》，承认自治领为主权国家
1935 年	美加签署贸易互惠条约
1938 年 8 月	罗斯福与麦肯齐·金在金斯顿会晤
1939 年 9 月	第二次世界大战爆发，加拿大参战
1940 年 8 月	罗斯福与金在奥格登斯堡会晤，商订北美防务，成立美加常设联席防务委员会
9 月	美英签订驱逐舰—基地交换协定
12 月	美国与英国、加拿大分别签订贸易互惠条约
1941 年 3 月	美国国会通过《租借法》
4 月	罗斯福与金在海德公园会晤，发表《海德公园宣言》
	美国宣称，格陵兰纳入门罗主义范围
12 月	日本偷袭珍珠港，美加对日宣战
1942 年	加美在华盛顿成立联合参谋部
11 月	美加交换文书，确定在战后建立国际新秩序时彼此合作
1943 年	加驻美领事馆升格为大使馆
1944 年 7 月	布雷顿森林会议
8 月	敦巴顿橡树园会议
9 月	加拿大在渥太华会议上拒绝在远东参加战事
1945 年 4—6 月	联合国组织在旧金山举行成立大会
7 月	加拿大内阁将与美国建立的防务关系延长到战后
11 月	关于国际原子能管理问题，金、杜鲁门、艾特利在华盛顿举行会议
1947 年	美公司在艾伯塔省开始开采铀矿
3 月	杜鲁门发表杜鲁门主义

11 月	《关税贸易总协定》订立
1948 年 4 月	杜鲁门签署《欧洲复兴法案》，即马歇尔计划
	金阻止美加关税同盟谈判
7 月	美、加与布鲁塞尔条约成员国讨论缔结军事同盟问题
1949 年 4 月	《北大西洋公约》签订
10 月	中华人民共和国成立，加拿大临时代办一度留驻南京
1950 年 6 月	朝鲜战争爆发
8 月	加拿大参战
11 月	美加恢复二战期间所实行的共同协作战事生产
1951 年 10—11 月	加拿大部队开赴欧洲，参加北大西洋公约军队
1953 年	美加协议进行圣劳伦斯河内河工程
7 月	朝鲜战争停战协定签订
1954 年	加拿大参加越南战争"国际监督委员会"
1956 年	伊士运河危机
	加美已完成一条北美雷达警报网，并开始建立另两条
1957 年	美国控制 43%加拿大制造业资本。在石油和天然气工业中，美持有 57%股票，控制 70%资本。美国出入口贸易 25%是同加拿大进行，占其出入口贸易总额的 2/3
	加拿大成立广播管理委员会
4 月	加拿大驻埃及大使因受到美国国会指控为苏联的间谍而自戕
8 月	美加签订《北美空防协定》，成立"北美空防司令部"
1958 年 1 月	加美签订《哥伦比亚河条约》
4 月	加拿大未声援对古巴入侵的军事行动（猪湾事件），拒绝对古巴实行全面禁运
5 月	约翰·肯尼迪访问加拿大，加美关于装备核弹头问题争执激烈
1959 年	加美签订《国防生产分享协定》
1962 年 10 月	美苏古巴导弹危机中，加美矛盾曝光

1963 年 1 月	北大西洋公约组织前总司令、美国将军劳里斯·诺斯塔抵达加拿大
	美国务院发表公报，指责加总理迪芬贝克的原子防务政策
4 月	加拿大大选中，莱斯特·皮尔逊击败迪芬贝克
5 月	皮尔逊访问肯尼迪
6 月	加拿大政府公布财政预算案
10 月	关于加拿大军事基地中储备原子武器问题，加美达成协议
1964 年 8 月	美国炮制"东京湾事件"，扩大侵越战争
1965 年 1 月	加美《汽车协定》签订
4 月	皮尔逊在坦普尔大学演说，反对越战升级
1967 年 7 月	法国总统戴高乐在蒙特利尔发表"魁北克自由万岁"演说
1968 年 4 月	皮埃尔·埃利奥特·特鲁多出任加拿大总理
1969 年 3 月	加拿大决定减少加驻德的北大西洋公约组织部队的人数
1970 年	加拿大议会制订《北极水域污染防护法》，美国拒不承认
10 月	中加建交
1971 年 12 月	特鲁多访问华盛顿，与尼克松会谈
1972 年	加拿大开始实行"第三选择"贸易政策
	特鲁多向美洲国家组织派出常驻观察员
	加美签订《大湖区水域质量协定》
4 月	尼克松访问渥太华
1973 年 1 月	根据《巴黎协定》，加拿大参加越南维和部队
5 月	加拿大宣布撤走在越南的维和部队
11 月	加拿大设立"外资审查局"
12 月	加拿大石油公司成立
1976 年 11 月	魁北克人党在魁北克省选举中获胜
1977 年 9 月	关于经过加拿大北部从阿拉斯加铺设天然气管道，特鲁多与吉米·卡特达成协议
1980 年 10 月	为了加强对石油和天然气工业的管理，加拿大政府宣布"国家能源规划"
1981 年 3 月	里根访问渥太华
8 月	加拿大自由党政府决定与美国就部门自由贸易进行谈判
10 月	加美关于加拿大石油和天然气政策的谈判失败

1982 年 4 月	加拿大从英国收回《不列颠北美法案》
1983 年	特鲁多提出和平倡议，要求结束冷战
1984 年 6 月	特鲁多辞总理职
9 月	加拿大进步保守党人布赖恩·马尔罗尼在大选中获胜
1985 年 3 月	马尔罗尼与里根在魁北克市会晤，讨论自由贸易问题
9 月	马尔罗尼宣布加美谈判自由贸易问题
12 月	里根通知国会，说明美加自由贸易问题
1986 年 5 月	加美在渥太华正式开始自由贸易谈判
1987 年 10 月	美加就自由贸易原则问题达成协议
12 月	美加自由贸易谈判胜利结束
1989 年 1 月 1 日	美加自由贸易协定生效
4 月	加美续订北美空防司令部协定
11 月	加拿大应联合国要求，首次向纳米比亚派遣维和部队
1992 年 12 月	美、加、墨政府首脑分别签署《北美自由贸易协定》
1994 年	加总理让·克雷蒂安和遗产部长米歇尔·迪皮伊分别发表具有民族主义色彩的讲话
1 月 1 日	美加关于小麦贸易的争执。《北美自由贸易协定》生效
4 月	加总督访华
11 月	让·克雷蒂安访问中国、印度尼西亚、越南等
12 月	34 个美洲国家在美佛罗里达州的迈阿密通过维兹卡雅协议，希望于 2000 年前建立美洲自由贸易区 墨西哥爆发金融危机
1995 年 1 月	世界贸易组织成立
6 月	美洲国家贸易部长于美国丹佛举行会议
7 月	加美关于在太平洋捕捞大比目鱼问题发生争执
7 月	美国、加拿大和 32 个拉丁美洲国家以及加勒比国家国防部长在美国威廉斯堡举行会议

参考书文举要

1. Adams, Ephraim Douglass. *British Interests and Activities in Texas, 1838-1846*. Baltimore: The Johns Hopkins Press,1910.
2. Aitken, Hugh G. J. *The American Economic Impact on Canada*. Durham, N. C.: Duke University Press, 1959.
3. Alstyne, Richard W. Van. *American Diplomacy in Action*. Palo Alto: Stanford University Press, 1947.
4. Bailey, Thomas A. *A Diplomatic History of the American People*. New York: Appleton Century-Crofts Inc., 1942.
5. Bailey, Thomas A. *The American Pageant: A History of the Republic*. Boston: D. C. Heath, 1956.
6. Bemis, Samuel Flagg. *A Diplomatic History of the United States*. New York: Henry Holt and Co. , 1942.
7. Berton, Pierre. *The National Dream: The Great Railway, 1871-1881*. Toronto: McClelland and Stewart, 1970.
8. Bothwell, Robert. *Canada and the United States: The Politics of Partnership*. Toronto: The University of Toronto Press, 1992.
9. Bourne, Kenneth. *Britain and the Balance of Power in North America 1815-1908*. Los Angeles: University of California Press, 1967.
10. Brady, Alexander and F. R. Scott, eds. *Canada After the War. Studies in Political, Social and Economic Policies for Post-War Canada*. Toronto: Macmillan, 1944.
11. Brands, H. William. *United States in the World: A History of American Foreign Politics*. Boston, 1993.
12. Brebner, John Bartlet. *North Atlantic Triangle: The Interplay of Canada, the*

United States and Great Britain. New York: Columbia University Press, 1945.

13. Brinton, Crane. *The United States and Britain*. Cambridge: Harvard University Press, 1945.

14. Buchan, Alastair. "Mothers and Daughters (or Greeks and Romans)." *Foreign Affairs*, Vol.54, No.4 (July, 1976).

15. Careless, J. M. S. *Canada: A Story of Challenge*. Cambridge, England: Cambridge University Press, 1953.

16. Commager, Henry Steele   ed. *Documents of American History*. New York: F. S. Crofts and Co. , 1963.

17. Creighton, Donald. *Dominion of the North: A History of Canada*. Toronto: McMillan Co., 1958.

18. Cuff, Robert D. and J.L. Granatstein, *Canadian-American Relations in Wartime: from the Great War to the Cold War*. Toronto: Hakkert, 1975.

19. Dafoe, John W. ed. *Canada Fights*. New York, 1941.

20. Dickey, John Sloan. "Canada Independent." *Foreign Affairs*, Vol.50, No.4 (July 1972).

21. Easterbrook, W. and H. Aitken, *Canadian Economic History*. Toronto: University of Toronto Press, 1989.

22. Eayrs, James. *Northern Approaches: Canada and the Search for Peace*. Toronto: The Macmillan Company, 1961.

23. Granastein, J. L. and R. D. Cuff, "The Hyde Park Declaration 1941: Origins and Significance." *The Canadian Historical Review*, Vol.55, No.1 (March 1974).

24. Granatstein, J. L. eds. *For Better or for Worse: Canada and the United States to the 1990's*. Toronto, 1991.

25. Hart, Albert Bushnell.   *The Foundations of American Foreign Policy*. New York: The Macmillan Company, 1901.

26. Hayes, Carlton J. H. *A Political and Social History of Modern Europe*. New York: The Macmillan Company, 1925.

27. Hicks, John D. *The American Nation: A History of the United States from 1865 to the Present*. Boston: Houghton Mifflin, 1946.

28. Hicks, John D. *The Federal Union: A History of the United States to 1865*. Boston: Houghton Mifflin,1937.

29. Hillmer, Norman ed. *Partners Nevertheless: Canadian-American Relations in the Twentieth Century*. Toronto: Copp Clark Pitman, 1989.

30. Holmes, John Wendell. *The Better Part of Valour: Essays on Canadian diplomacy*. Toronto: McClelland and Stewart, 1970.

31. Hutchison, Bruce. *Canada: Tomorrow's Giant*. New York: Knopf Press Co., 1957.

32. Keith, Arthur B. ed. *Speeches and Documents on the British Dominions, 1918-1931: from Self-government to National Sovereignty*. Oxford: Oxford University Press, 1961.

33. Kindleberger, Charles. *The World in Depression, 1929-1939*. Berkley: University of California Press, 1973.

34. Lamont, Lansing ed. *Friends so Different: Essays on Canada and the United States in the 1980s*. Ottawa: University of Ottawa Press, 1989.

35. Laut, Agnes C. *Canada: the Empire of the North*. Toronto: Legare Street Press, 1924.

36. Leyton-Brown, David. *Weathering the Storm: Canadian-U.S. Relations, 1980-1983*. Toronto: The University of Toronto Press, 1985.

37. Lodge, Henry Cabot ed. *The History of Nations*. Vol. 20., John Morris Press Co., 1906.

38. McInnis, Edgar. *Canada: A Political and Social History*. Toronto: Rinehart and Company Inc., 1982.

39. McNaught, Kenneth. *Canada*. London: Penguin, 1988.

40. Morton, Desmond. *A Short History of Canada*. Edmonton: Hurtig Publishers Ltd., 1983.

41. Nader, Ralph. *Canadian First*. Toronto: McClelland and Stewart, 1992.

42. Paterson, Thomas G. *Kennedy's Quest for Victory: American Foreign Policy, 1961-1963*. Oxford: Oxford University Press, 1989.

43. Paterson, Thomas. *American Foreign Policy*. Boston: D.C. Heath and Company, 1991.

44. Pearson, A. H. Geoffrey. *Seize the Day: Lester B. Pearson and Crisis Diplomacy*. Ottawa: Carleton University Press,1993.

45. Pickersgill, J. W. and D. F. Forster, eds. *The Mackenzie King Record*, Volume 2, 1944-1945. Toronto: University of Toronto Press, 1968.

46. Porter, Glenn. *Encyclopedia of American Economic History: Studies of the Principal Movements and Ideas*. New York: Charles Scribner's, 1980.

47. Regenstreif, Peter. "Canada`s Foreign Policy." *Current History*, Vol.72, No.426 (April 1977).

48. Rotstein, Abraham. "Canada: The New Nationalism." *Foreign Affairs*, Vol.55, No.1 (October 1976).

49. Sage, Walter N. "The Historical Peculiarities of Canada with Regard to Hemisphere Defense." *The Pacific Historical Review*, Vol. 10, No.1 (1941).

50. Stavrianos, Leften Stavros. *The World since 1500: A Global History*. London: Prentice-Hall Inc., 1966.

51. Stuart, Reninald C. "Continentalism Revisited: Recent Narratives on the History of Canadian-American Relations." *Diplomatic History*, Vol. 18, No. 3 (Summer 1994).

52. Swanson, Roger F. *Canadian-American Summit Diplomacy, 1923-1973: Selected Speeches and Documents*. Montreal: McGill-Queen's University Press, 1976.

53. *The American Assembly: Columbia University and Council on Foreign Relations, Canada and the United State: Enduring Friendship Persistent Stress*, London: Prentice-Hall Inc., 1985.

54. *The Statistical History of the U.S. New Year*, 1976.

55. Viner, Jacob. *Canada's Balance of International Indebtedness 1900-1913*. Cambridge: Harvard University Press, 1924.

56. Warnock, John W. *Partner to behemoth: The Military Policy of a Satellite Canada*. Toronto: New Press, 1970.

57. Williams, William Appleman. *From Colony to Empire: Essays in the History of American Foreign Relations*. New York: J. Wiley, 1972.

58. Woodcock, George. *A Social History of Canada*. New York: Penguin, 1989.

59. 《国际条约集，1648—1871》，世界知识出版社 1983 年版。

60. 《世界经济译丛》，1993 年第 10 期。

61. 《寻找加拿大丛书》编辑组：《加拿大文化的碰撞》，吉林出版社 1992 年版。

62. 高凤仪：《美加贸易摩擦呈升级之势》，《光明日报》，1994 年 5 月 2 日。

63. 高凤仪：《调整中的加拿大外交政策》，《光明日报》，1994 年 4 月 4 日。

64. 哈克，路易斯·M.：《美国资本主义的胜利》，商务印书馆 1946 年版。

65. 洪国起、王晓德：《冲突与合作——美国与拉丁美洲关系的历史考察》，山西高校联合出版社 1994 年版。

66. 克赖顿·唐纳德：《加拿大近百年史》，山东人民出版社 1972 年版。

67. 李节传：《加拿大特鲁多政府排除美国阻力，推动中加建交》，《历史教学》1993 年第 11 期。

68. 刘广太：《加拿大承认中国的历史背景》，《河北师范学院学报》（社会科学版），1992 年第 1 期。

69. 杨令侠：《由美、英、加三角关系进入美加双边体系的加拿大》，《南开学报》（社会科学版），1992 年第 6 期。

70. 张崇鼎：《加拿大经济史》，四川大学出版社 1993 年版。

71. 张友伦、原祖杰、樊文治：《加拿大简史》，南开大学出版社 1994 年版。

72. 周茂荣：《美加自由贸易协定研究》，武汉大学出版社 1993 年版。

历史文件选

（一）巴黎条约——不列颠国王陛下、最信仰基督的
国王和西班牙国王之间的和平友好最后条约

（1763 年 2 月 10 日订于巴黎）

[按]"七年战争"（1756—1763 年）主要是英法两国争夺海外殖民地的战争。在其过程中，西班牙等国也参加进去。战争扩及范围除欧洲外，还有北美和印度。在北美，这场战争叫作"与法国人、印第安人战争"。1759年魁北克城和 1761 年本地治里（印度）的陷落决定了法国在这场争夺战中的失败命运。在 1763 年《巴黎条约》中，在北美大陆上，法国把整个新法兰西输给英国，只在纽芬兰沿岸保存了两个小岛：圣皮埃尔岛和密克隆岛。条约中所谓的"最信仰基督的国王"指法国国王路易十五。

以最神圣和不可分的三位一体神的名义订立本条约。

......

第四条

最信仰基督的国王陛下放弃他对新斯科舍或阿卡迪亚各个部分迄今拥有的或可能拥有的一切权利，并保证将其全部以及所有属地交给大不列颠国王。而且最信仰基督的国王陛下将对下列各地的全部权利割让并保证交给上述不列颠国王陛下，即加拿大及其所有属地，以及布雷顿角岛和圣劳伦斯河和海湾中的其他所有岛屿和沿岸地带，以及一般附属于上述地区、陆地、岛

屿和沿岸地带的一切，连同最信仰基督的国王，法兰西君主，迄今通过条约或以其他方式就上述地区、岛屿、陆地、地方、沿岸地带及其居民获得的主权、财产、财物和一切权利。这样，最信仰基督的国王将以最充分的方式和形式，不加限制地将全部地区割让给上述国王、大不列颠君主；而不得以任何借口背离上述割让和保证，或对大不列颠进行上述占有加以干扰。不列颠国王陛下方面则同意给加拿大居民以信仰天主教的自由。因此，他将下达最明确和最有效的命令：他的新罗马天主教臣民可以在大不列颠法律所允许的条件下，按照罗马教会的仪式，公开信奉他们的宗教。不列颠国王陛下还同意，在加拿大的法国居民或其他曾经是最信仰基督的国王的臣民的人，可以完全安全和自由地前往他们认为适当的任何地方，可以出售他们的产业（以售给不列颠国王陛下的臣民为条件），随身带走他们的财物。在他们出境时，除因负债或刑事诉讼外，不得以任何借口加以限制。对此种出境的时限定为 18 个月，自本条约批准书互换之日起计算。

第五条

法国臣民享有乌得勒支条约第 13 条规定的纽芬兰岛的那一部分海岸捕鱼和晒鱼的自由，该条款业经本条约重新确认（涉及布雷顿角岛和位于圣劳伦斯河口和海湾的其他岛屿及海岸的部分除外）。不列颠国王陛下同意让最信仰基督的国王的臣民享有在圣劳伦斯湾捕鱼的自由，其条件是：除非距所有属于大不列颠的海岸、大陆的以及位于上述圣劳伦斯湾内的岛屿的海岸三里格以上，法国臣民不得从事上述捕鱼活动。至于在上述海湾外的布雷顿角岛海岸十五里格以上，最信仰基督的臣民不得从事捕鱼活动。在新斯科舍或阿卡迪亚海岸以及在上述海湾外的所有其他地方的捕鱼活动，仍应按过去的条约办理。

第六条

大不列颠国王将对圣皮埃尔岛和密克隆岛的全部权利割让给最信仰基督的国王陛下，作为法国渔民的避风地，最信仰基督的国王陛下保证不在上述岛上设防，除纯为渔业提供方便外，不在岛上修建房屋，并只在岛上留驻50 人维持治安。

第七条

为了在牢固和持久的基础上重建和平，并永远消除一切关于美洲大陆上英属和法属领土范围的争端，兹议定：不列颠国王陛下和最信仰基督的国王陛下在世界那部分中的领地之间今后的范围，应不可更改地以下列一线为界，即从密西西比河源头开始，沿该河中心至伊伯维尔河，然后沿该河中心和毛里帕斯湖及庞恰特雷恩湖中心，直至大海。为此，最信仰基督的国王将对莫比尔河和港口的全部权利以及它在密西西比河左侧所占有或应该占有的一切割让并保证交给不列颠国王陛下，但新奥尔良市及其所在的岛屿仍属于法国，条件是：密西西比河上的航行，从其源头至海洋的整个长度和宽度内，特别是介于上述新奥尔良岛和该河右岸之间的那一段以及其河口内外的通道，应对大不列颠臣民和法国臣民同等开放。兹进一步规定，属于任何一国臣民的船只不得受到阻拦、检查或向其征收任何税款。载入第四条的有利于加拿大居民的规定，对根据本条割让的地区的居民也应适用。

……

第十八条

天主教国王陛下本人并代表他的继承人停止享受他为吉普斯夸人和其他臣民的利益可能确立的，在纽芬兰岛附近捕鱼的一切权利。

……

第二十条

由于前一条中规定的归还，天主教国王陛下应对下列各地的全部权利割让并保证交给不列颠国王陛下，即佛罗里达，连同圣奥古斯丁堡和彭萨科拉湾，以及西班牙在北美大陆上密西西比河以东和东南拥有的一切，以及，一般附属于上述地区、土地的一切，连同天主教国王、西班牙君主，迄今通过条约或以其他方式就上述地区、土地、地方及其居民获得的主权、财产、财物和一切权利，以使天主教国王以最充分的方式和形式进行割让并全部交给上述国王、大不列颠君主。不列颠国王陛下方面则同意给上述割让的地区的居民以信仰天主教的自由。因此，他将下达最明确和最有效的命令：他的新罗马天主教臣民可以在大不列颠法律所允许的条件下，按照罗马教会的仪式，公开信奉他们的宗教。不列颠国王陛下还同意，在上述地区的西班牙居民或其他曾经是天主教国王的臣民的人，可以完全安全和自由地前往他们认为适当的任何地方，可以出售他们的产业（以售给不列颠国王陛下的臣民为条件），并随身带走他们的财物。在他们出境时，除因负债务或刑事诉讼外，不得以任何借口加以限制。此种出境的时限定为 18 个月，自本条约批准书互换之日起计算。另规定，天主教国王陛下应有权将可能属于他的一切财物运走，不论是大炮或是其他东西。

……

第二十四条

由于有必要为缔约每一方将进行的归还和撤出确定一个规定的期限。兹议定：英国和法国部队应于今年 3 月 15 日以前完成去年 11 月 3 日签订的初步条约第 12 条和第 13 条中关于在帝国或其他地方进行撤出的全部尚待执行的部分。贝尔岛应于本条约批准书互换后六周内，或如可能在更早的时候撤出。瓜德罗普、德西拉德、马里加朗特、马提尼克圣卢西亚，于本条约批准书互换后三个月内，或如可能在更早的时候撤出。同样，大不列颠将于本条约批准书互换后满三个月时或如可能在更早的时候，占有莫比尔河和港口，以及如第 7 条所规定的、构成大不列颠在密西西比河一侧的领土界线的所有地方。……

……

第二十七条

本条约的庄严的批准书，经完善而迅速地备妥后，应在缔约各方之间，在本条约签字之日起一个月内或如可能更早地在巴黎市互换。

下列签署人，即各方的特命大使和全权公使，以各方的名义，并依据我们的全权证书，在本最后条约上亲自签名盖章，以资证明。

1763 年 2 月 10 日订于巴黎。

（代表签字从略。——编者）

见《国际条约集，1648—1871》，世界知识出版社 1983 年版，第 151-161 页。

（二）美国大陆会议致加拿大人民书

（1775 年 5 月 29 日）

[按]1775 年 4 月 19 日英军在捣毁马萨诸塞殖民地民兵军火库后，在由列克星敦返回波士顿的途中，遭到民兵的痛击，就此掀起了北美 13 殖民地采取独立的武装起义。接着，5 月 10 日第二届大陆会议召开。大陆会议希望加拿大这块英属北美殖民地参加反英战争的行列，发出致加拿大人民书，

同时，也企望加拿大将成为美国的一部分。这份宣言的起草人是约翰·翟伊。文中多诱胁与"激将"之语。

宣言书并未得到加拿大人的积极响应。大陆会议即派出由理查德·蒙哥马利与本尼迪克特·阿诺德率兵进攻加拿大，在军事行动也未收到效果后，又于 1776 年 3 月派遣本杰明·富兰克林、塞缪尔·柴斯和查尔斯·卡洛尔等人去加拿大说服加拿大加入大陆会议，但此行也未成功。甚至在此举失败后，大陆会议于 1777 年提出的邦联条例中仍写入加拿大加入美国问题。

致被压迫的加拿大居民。

朋友们和同胞们，

震惊于专断的〔英国〕内阁要消灭所有美洲的权利和自由的计谋，并意识到人道已遭受阴谋支配的共同危险；关于这个极为重要的问题，在我们近来发出的声明中，已唤起你们的注意。

自上次战争〔指"七年战争"——译者〕结束以来，我们欣然认为你们是我们的同胞。自当今〔英国〕征服这块大陆的计划开始实施以来，我们就把你们视作同我们一起遭受苦难的人。我们都有权利接受仁慈造物主所赐予的自由，我们都被专制政府的残忍法令导致毁灭，因而我们新教殖民地〔指13 殖民地——译者〕和天主教殖民地〔指魁北克——译者〕的命运可坚实地联结起来。我们邀请你们加入为争取自由的奋斗，以鄙视态度摒弃那些奴隶桎梏，尽管那些桎梏是文以虚饰了的。

我们真诚地与你们共享极大的快慰的那一天会到来。那时，在你们广阔的土地上，阳光不仅只拂照一个自由人。毫无疑问，你们所遭受的凌辱引起你们姐妹殖民地〔指 13 殖民地——译者〕的最真诚的同情；同时，我们自以为，你们将不会在驯服地容忍奴役时，还得忍受同情由蔑视所取代。

当剥夺上帝赐予的人权这样无情的谋算产生时，当所有承担专制主义的庄严约法被撕裂时，当政府的信誓不给予它的忠诚的与本分的臣民以安全时，当阴谋诡计与和平筹谋变得比血腥战争更可怕时，那就到了他们提出权利要求，并以真实的愤慨反对加诸他们身上的肆虐迫害。

在你们政府现行的形式下，更确切地说是现行的专制形式下，你们和你们的妻儿都是被奴役的，你们没有任何称得起是你们自己的东西。只要一个贪婪的总督或一个贪婪的议会喜好强取豪夺，你们勤奋劳动的果实就可被攫走。你们很可能被命令去外国参加与你们利益毫不相干的战争。在战争中，你们淌流鲜血，但不能得到荣誉，也得不到报酬。不仅如此，在现行制度下，你们所信奉的真实的宗教依赖于你们既不能参与，又不能左右的议会。当你们的神父的财富和财产足以引起觊觎时，他们就有被驱逐、抛弃和毁灭的危险。继位的太子不可能常常是善良的。假如一个邪恶或疏职的国王与一个邪恶的内阁共同勒索你们国家的财宝和精力时，在现行制度下，很难想象你们将被压抑到什么程度和什么极其苦难的境地。

我们听说，在一场同我们争斗〔指"七年战争"——译者〕中，你们已经浪费了你们许多性命。照这样做，假如你们赞成你们新政权对法国发动战争，那么你们可能在一场远征他们的〔指法国的——译者〕在西印度群岛的岛屿中，你们的财富和男儿们将遭灭毁。

不可设想，这些考虑对你们无足轻重，或你们无视荣辱。我们决不能相信，当今加拿大人蜕变到不具有生气和豪侠，或不具有他们祖先的勇气。你们一定不会允许如此懦弱的秽誉垢行落在你们头上，并把其后果永远加诸你们的后代。

至于我们则义无反顾地决心要自由生活，我们决不会让后代斥责我们将奴隶制带到这个世界。

请允许我们再次申述，我们是你们的朋友，不是你们的敌人。我们不为那些制造敌意的人所欺蒙。至于我们占取在提康德罗加（Ticonderoga）和克朗波因特的堡垒和军需品，以及在湖〔指尚普兰湖——译者〕中的战船，只是出于对伟大的自卫原则的遵从。他们〔指英国——译者〕打算干扰我们，并打算截断你们和我们之间一直存在的友好交往和交流。我们希望此事对你们不致引起不便。我们保证，我们不采取不利于我们友好和有关你我双方共同安全和利益的任何措施。

……

我们怀着同你们联合以保卫我们共同自由的希望，我们有理由相信，假如我们能共同请求我们的最高统治者注意到他对美洲臣民的过分的空前的压迫时，他将最终醒悟，并会禁止无法无天的内阁再肆无忌惮地毁灭人类的权利。

译自 Henry Steele Commager, ed., *Documents of American History*, New York: F. S. Crofts and Co., 1963, Vol.1, pp.91-92.

（三）大不列颠和美国最后和平条约

（1783 年 9 月 3 日订于巴黎）

[按]1781 年 10 月 19 日英军在纽克敦战役的败北和投降，结束了美国反英战争。1783 年 9 月 3 日英美正式签订《巴黎条约》，美国赢得独立。条约中，关于加美东部边界规定得十分粗略。关于圣劳伦斯河和五大湖一线的边界厘定得较为明确，但自此以西的边界却悬而未决。美国人仍保有他们在作为英国臣民时一直享有的、在英属北美领海内捕鱼的权利。

以最神圣的三位一体神的名义。

天命愿降旨于上帝恩佑的最尊严和最有权威的乔治三世君主，大不列颠、法兰西和爱尔兰国王，基督教保卫者，不伦瑞克和卢内堡公爵，神圣罗马帝国的大司库官和选候与美利坚合众国使他们忘却过去的一切误会和争论，这些误会和争论不幸中断了他们现在彼此愿意恢复的良好联系和友谊，使他们在彼此有益和便利的基础上在两国之间建立有利和令人满意的交往，以促进和巩固两国的持久和平与协调。通过 1782 年 11 月 30 日由每一方授权的特派员在巴黎签订的临时条款，已经为达到这一可取的目的，奠定了和平与修好的基础，这些条款已被同意并入将由大不列颠王国政府和上述美国签订的和约，成为其组成部分，但必须等到大不列颠和法兰西一致议定了和平的条件，而且不列颠国王陛下愿意按此条件予以签订后才签订此和约；现在大不列颠和法兰西之间的条约既已缔结，不列颠国王陛下和美利坚合众国，为了全部实施上述临时条款，按照该条款的意旨，已经任命并委派全权代表。不列颠国王陛下方面：大不列颠议会议员戴维·哈特利先生。美国方面：前美利坚合众国驻凡尔赛宫廷的特派员、前马萨诸塞州的国会议员和该州法院首席法官兼美国驻荷兰总督殿下全权公使约翰·亚当斯先生；前宾夕法尼亚州的国会议员和该州州议会主席兼美利坚合众国驻凡尔赛宫廷全权公使本杰明·富兰克林先生；前国会议长、纽约州法院首席法官兼美国驻马德里宫廷全权公使纳翰·杰伊先生，以缔结和签订本最后条约。他们经互相校阅全权证书后，已协议和确定下列各条：

第一条

不列颠国王陛下承认美国，即新罕布什尔、马萨诸塞湾、罗得岛和普罗维登斯垦殖地、康涅狄格、纽约、新泽西、宾夕法尼亚、特拉华、马里兰、弗吉尼亚、北卡罗来纳、南卡罗来纳和佐治亚，是自由的、享有自主权的和独立的各州，他按此对待它们，并且在他自己、他的后嗣和继承人方面，放弃对各该州及其每一部分的管辖权、所有权和领土权的一切要求。

第二条

为了防止在美国的边界问题上将来可能发生的一切争执，经同意并宣布下述界限现在和将来都是它们的边界，即：从新斯科舍的西北角起，即由圣克鲁瓦河河源朝正北方向到高地所划的直线形成的角起；沿上述高地，即流入圣劳伦斯河诸河流和流入大西洋诸河流的分水岭，到康涅狄格河的西北源头；由此而下，沿该河的中间线达北纬 45°；由此在该纬度上沿正西方向一线，直到与伊罗夸伊河或称卡塔拉奎河交接处；由此沿该河的中间线进入安大略湖，经过该湖中间线，直到该湖与伊利湖之间的水道；由此沿该水道中间线进入伊利湖，经过该湖中间线，一直到该湖与休伦湖之间的水道；由此沿该水道中间线进入休伦湖；再沿该湖中间线，到该湖与苏必利尔湖之间的水道；由此经过苏必利尔湖在罗亚尔和费利伯两岛之北，到达长湖；由此经过长湖的中间线和长湖与伍兹湖之间的水道，达到伍兹湖；由此经过该湖到达它的西北端，并由此沿正西方向到达密西西比河；由此经过密西西比河的中间线，直到与北纬 31°在北端的交叉点。在南边，从上述线的终点，沿赤道以北纬 31°，向正东画一条线，到达阿帕拉奥科拉河或称查塔胡奇河的中间线；由此沿该河的中间线，到达它与弗林特河汇合处；由此沿直线到达圣玛丽斯河的源头；并由此沿圣玛丽斯河的中间线到达大西洋。在东边，沿圣克鲁瓦河的中间画一条线，该线从该河注入芬迪湾的河口上溯到它的河源，再从它的河源一直向北到达上述高地，即流入大西洋诸河流与流入圣劳伦斯河诸河流的分水岭；包括离美国海岸任何部分 20 里格以内，并位于从新斯科舍的边界线至芬迪湾的交接点和东佛罗里达的边界线至大西洋的交接点各自向正东划出的两条界线之间的一切岛屿在内；但现在或迄今一直是在新斯科舍省范围以内的岛屿除外。

第三条

双方同意，美国人民继续享有在大沙洲和纽芬兰其他一切沙洲上不受干扰地捕鱼的权利；在圣劳伦斯湾以及两国居民在此以前任何时候一向在海上捕鱼的其他一切地方，也享有同样的权利。美国居民也享有在英籍渔民所使用的纽芬兰海岸部分捕捞各种鱼类的权利（但不得在该岛晒干和腌制所捕的鱼），在不列颠国王陛下在美洲的所有其他领地的海岸、港湾和河川同样如此，在新斯科舍、马格达伦群岛和拉布拉多的海湾、港口和河川，只要仍然无人定居，美籍渔民就享有在其中任何地方晒干和腌制鱼类的权利，但是这些地方或其中任何地方一经有人定居，上述渔民如未得当地居民、土地所有者或占有者的事先同意，而在那些居留地区晒干和腌制鱼类，则为非法。

......

第七条

在不列颠国王陛下与美国之间，在一方的臣民和另一方的公民之间，应保持稳固和永久的和平，因此在海上和大陆上的一切敌对行动自现在起应立即停止：双方所有的俘虏应予释放，不列颠国王陛下并应尽量从速自美国及其境内的每个军队驻地、地区和港口撤走他的一切陆军、卫戍部队和军舰，不得造成任何破坏，也不得带走美国居民的任何黑人或其他财产，撤退时必须留下一切要塞内可能尚存在的美国大炮；并且应下令，凡属于任何一州或其公民所有，而在战争进程中可能已落入国王陛下的军官手中的一切档案、记录、证书和文件，应立即归还并送交它们所属的各州和原主。

第八条

密西西比河的航行，从它的发源地到它的入海口，对于大不列颠的臣民和美国的公民，应永远自由开放。

......

第十条

本条约的正式批准书，以妥善的方式迅速办理完毕后，应由缔约双方自本条约签署之日起 6 个月之内，或尽可能在更短期间内互换。下列签署人，即双方的全权公使，以不列颠国王陛下和美利坚合众国的名义，并依据我们的全权证书，在本最后条约上亲自签字盖章，以资证明。

公元 1783 年 9 月 3 日订于巴黎。

（代表签字从略。——编者）

见《国际条约集，1648—1871》，世界知识出版社 1983 年版，第 223-227 页。

（四）根特条约（大不列颠和美国和平友好条约）

（1814 年 12 月 24 日订于根特）

[按]1814 年 12 月英美两国于比利时的根特订立条约，结束了 1812—1814 年英美第二次战争。双方同意恢复战前边界，关于边界纠纷交由四个划界委员会去讨论；关于通商法规和俄勒冈问题均被搁置，以待年后解决。和约只字未提捕鱼问题，也未提密西西比河问题。关于战争爆发的原因，如英国强征海员问题、美国海上中立权利问题，也只字未提。美国虽然同意让特库姆塞的印第安人返回他们 1811 年以前曾占有的那些地区，但这是个空洞的承诺，因为大部分肖族印第安人已被消灭殆尽了。

不列颠国王陛下和美利坚合众国，希望结束两国之间不幸地进行至今的战争，并希望依照彼此完全对等的原则恢复和平、友谊和谅解。为此目的，各自任命下列全权代表，即：

不列颠国王陛下方面，已任命国王陛下海军前任白色舰队司令、现任红色舰队司令、尊敬的甘比尔勋爵，帝国议会议员、副国务大臣亨利·古尔本先生，和民法博士威廉·亚当斯先生；美国总统方面，经参议院的建议和同意，已任命美国公民约翰·昆西·亚当斯、詹姆斯·贝阿德、亨利·克莱、乔纳森·拉塞尔和艾伯特·加勒廷。

上述全权代表互相校阅全权证书后，议定下列各条：

第一条

不列颠国王陛下和美国之间，他们各自的国家、领土、城市、集镇以及不论属于任何地方和身份的一切等级的人们之间，应实现巩固的、普遍的和平。本条约一旦如下文所述经双方批准后，一切敌对行动，包括海上的和陆上的，都应立即停止。在战争期间，或在本条约签订之后，任何一方从另一方夺得的一切领土、地区和属地（仅下述岛屿例外）都应立即予以归还，不得延误，并且对于原先在上述要塞或地区缴获的并在互换本条约批准书时继续留在该地的任何大炮或其他公共财产，或对于任何奴隶或其他私人财产，都不得造成任何毁损，也不得带走。凡在战争进程中可能已落入任何一方军官手中的一切档案、记录、证书和文件，不论属公众性质或属于私人，都应尽一切实际可能立即归还，并交给它们分别所属的主管当局和个人。两方申称归属己方的帕萨马科迪湾中的各岛屿，应由在互换本条约批准书时占领该岛的一方继续占有，直到依照本条约第 4 条作出关于这些岛屿归属的决定时为止。本条约对这类两方申称归属己方的岛屿和领土的占有所作的处理，都决不应以任何方式被解释为影响一方的权利。

……

第四条

鉴于不列颠国王陛下和美利坚合众国之间 1783 年订立的和约第 2 条规定，美国的边界应包括位于离美国海岸任何部分 20 里格以内，并位于从新斯科舍的边界线至芬迪湾的交接点和从东佛罗里达的边界线至大西洋的交接点各自向正东划出的两条界线之间的一切岛屿在内，但现在是或迄今一直是在新斯科舍省范围以内的岛屿除外；同时鉴于美国认为属于芬迪湾之一部分的帕萨马科迪湾中的若干岛屿，以及上述芬迪湾中的大孟嫩岛应包括在上述美国边界以内，而这些岛屿又被认为是属于不列颠国王陛下的，因为在签订上述 1783 年条约时以及在签订该条约以前时期，这些岛屿一直属于新斯科舍省范围之内；因此，为了对这些要求作出最后决定，双方已同意把它们提交给以下述方法任命的两位委员，即，一位委员由不列颠国王陛下任命，另一位委员由美国总统经参议院建议和同意后任命，上述被任命的两位委员应宣誓保证将根据不列颠国王陛下方面和美国方面分别提交给他们的证据，对各该项要求公正地进行审查并作出决定。上述两位委员将在新不伦瑞克省的圣安德鲁斯举行会议，并有权将会场移到他们认为适当的另外一个或一个以上地点。上述委员应依照上述 1783 年和约的真正意旨，通过他们签名盖章的一项声明或报告，决定上述若干岛屿分别属于缔约双方的哪一方。如果上述委员对他们的决定获得协议，双方即应认为这一决定是不可更改的和终结性的。双方并进一步同意：如果两位委员对提交给他们的所有事项或任何事项意见不一致，或者，如果两位委员或其中任何一位委员拒绝，或不同意，或故意避免作出表示，他们应共同或分别写出一个或几个报告，提交不列颠国王陛下政府和美国政府，详细陈述他们意见不一致的各点，以及他们形成各自意见的根据，或者详细陈述他们或他们中一人所以拒绝、不同意或故意避免作出表示的理由。不列颠国王陛下和美国政府特此同意将上述委员的一个或几个报告提交当时为下述目的而指定的友好的君主或国家，请求他或它对上述报告中所陈述的分歧作出决定，或者，按不同情况，请求他或它对一位委员的报告以及另一位委员拒绝、不同意或故意避免作出表示的理由作出决定。如果拒绝、不同意或避免作出表示的那位委员，同时也故意不申述他所以如此做的理由，致使可以将有关申述随同另一位委员的报告一并提交给该君主或国家，那么该君主或国家即应仅根据上述报告单方面作出决定。不列颠国王陛下和美国政府保证将该友好君主或国家对于如此提交给他或它的一切事项所作出的决定视为不可更改的和结论性的。

第五条

鉴于位于圣克鲁瓦河河源正北方向高地的并在两国先前的和约中指明为新斯科舍西北角的那一点，或者康涅狄格河的极西北源头，都尚未予以确定；并鉴于两国领地之间的边界线，即从圣克鲁瓦河源朝正北方向到上述新斯科舍西北角，从这里沿划分流入圣劳伦斯河诸河流和流入大西洋诸河流的上述高地，到康涅狄格河的极西北源头，由此向下，沿该河的中间线到达北纬 45°，由此在该纬度上沿正西方向一线，直到与伊罗夸伊河或称卡塔拉奎河相遇之处，这一部分的边界线尚未予以测量，双方已同意，为此目的，应任命两位委员，由他们宣誓就职，授予他们权力行使其职责，其方式除在本条中另有规定者外，完全按照上一条中载明的规定。这两位委员将在新不伦瑞克省的圣安德鲁斯举行会议，并有权将会议地点移到他们认为适当的另外一个或一个以上地点。上述委员有权，依照前述 1783 年和约中的规定，查明并确定上述各点，并应促成对上述从圣克鲁瓦河河源到伊罗夸伊河或称卡塔拉奎河这一部分边界线，依照上述和约中的规定，进行测量和作出标记。上述委员应对这部分边界线制作一张地图，并附加一项由他们签名盖章的声明，并详细标明新斯科舍西北角和康涅狄格河极西北源头的纬度和经度，以及这部分边界线中他们认为适当的其他各点的纬度和经度。双方并同意认为该地图和声明不可更改地和终结地确定了这部分边界线。在发生这两位委员意见不一致，或者两位委员或其中任何一位委员拒绝、不同意或故意避免作出表示的情况下，应由他们两人或他们中的任何一个提出有关的报告，声明或申述，并将它们提交给一个友好的君主或国家，其有关事项的各方面都应依照第 4 条后一部分的规定，并应如同该部分在此处予以重述那样充分予以执行。

第六条

鉴于根据先前的和约，从北纬 45°与伊罗夸伊河或称卡塔拉奎河交接处到苏必利尔湖的那一段美国的边界线被公布为"沿该河的中间线进入安大略湖，经过该湖中间线，直到该湖与伊利湖之间的水道；由此沿该水道中间线进入伊利湖，经过该湖中间线，一直到通向休伦湖的水道；由此沿该水道中间线进入休伦湖；由此沿该湖中间线到该湖与苏必利尔湖之间的水道"；又鉴于对上述河、湖和水道的中间线位于何处和其中的某些岛屿是属于不列颠国王陛下的领地境内，或是属于美国的领地境内，已产生疑问：因此，为了对这些疑问作出最后决定，应把它们提交给两位委员，他们的任命，宣誓就职和授权行使其职责的方式，应完全依照上一条中的有关规定，除非本条内另有具体规定。上述委员首先应在纽约州的奥尔巴尼举行会议，并有权将会议地点移到他们认为适当的另外一个或一个以上地点。上述委员应以一项由他们签名盖章的报告或声明，标明经过上述河、湖和水道的边界线，并依照前述 1783 年条约的真正意旨，决定位于上述河、湖和水道中的若干岛屿分别属于缔约双方中的哪一方。双方并同意认为这样的标示和决定是不可能更改的和终结性的。在上述两位委员意见不一致，或者两人或其中一人拒绝、不同意或故意避免作出表示的情况下，应由他们两人或他们中的任何一人提出有关的报告、声明或申述，并将它们提交给一个友好的君主或国家，其有关事项的各方面都应依照第 4 条后一部分规定，并应如同该部分在此处以重述那样地充分予以执行。

第七条

双方还同意，上述两位委员在执行了前条规定给他们的任务以后，将有权，并特此授权给他们，凭他们的宣誓，并依照前述 1783 年和约的真正意旨，公正地去确定和决定两国领土之间从休伦湖与苏必利尔湖之间的水道到伍兹湖的极西北点这一部分边界线，并决定组成该段边界线的那些湖、水道和河流之内的若干岛屿，依照前述 1783 年和约的真正意旨，分别属于缔约双方中的哪一方；他们并应促成对该段边界线中有所需要的部分进行测量和作出标记。上述委员应以一项由他们签名盖章的报告或声明，标明上述边界线，陈述他们对于提交给他们的各事项所作的决定，并详细说明伍兹湖极西北点的纬度和经度，以及该段边界线中他们认为适当的其他部分的纬度和经度。双方并同意认为这样的标示和决定是不可更改的和终结性的。在该两位委员意见不一致，或者两人或其中一人拒绝、不同意或故意避免作出表示的情况下，应由他们两人或他们中的任何一人提出有关的报告、声明或申述，并将它提交给一个友好的君主或国家，其中有关事项的各方面都应依照第 4 条后一部分的规定，并应如同该部分在此处予以重述那样地充分予以执行。

第八条

以上四条中所述的各由两位委员组成的几个委员会，应各有权任命一位秘书，并雇用他们认为必需的测量员或其他人员。各委员会应把他们各自的全部报告、声明、申述和决定的副本，以及他们的全部汇报和议事记录的副本，递交给不列颠国王陛下代理人员和美国的代理人员，上述代理人员可以被任命和授权代表他们各自的政府来处理事务。上述委员应依照缔约双方协议的办法分别给予报酬，这项协议将于互换本条约批准书时决定之。而上述委员的一切其他费用，应由双方平均负担。如果发生死亡、疾病、辞职或不可免的缺席，上述委员的职位将分别依照该委员最初被任命的方式任命新的委员担任，新的委员应作出同样的宣誓证词，并执行同样的职务。缔约双方并同意，如果以上任何一条中所述的任何岛屿，在两国间目前的战争开始以前原为一方所占有，而后由上述任何一个委员会决定，或由根据以上四条规定向之提交的君主或国家决定，应划归另一方领地范围以内，那么，在战争开始以前，由当时占有该岛的一方所作的一切工作的授予，将如同这一岛屿或一个以上岛屿由上述一项或一项以上决定判定划归原先占有的一方的领地范围以内的情况一样，均属有效。

第九条

美利坚合众国保证，在本条约批准之后，立即停止对本条约批准时可能正在与之交战的一切印第安部落或种族进行的敌对行动；并随即把发生敌对行动以前、1811 年时这些部落和种族已享有的或有权拥有的一切占有物、权利和特权分别归还给他们，但必须以下列情况为条件，即这些部落或种族应同意在他们获得本条约已经批准的通知时，停止向美利坚合众国及其公民和国民进行一切敌对行动，并且确实照办了。不列颠国王陛下方面，也保证在本条约批准之后，立即停止对本条约批准时可能正在与之交战的一切印第安部落或种族进行的敌对行动，并随即把发生敌对行动以前、1811 年时这些部落和种族原先所拥有的一切占有物、权利和特权分别归还给他们，但必须以下列情况为条件，即这些部落或种族应同意在他们获得本条约已经批准的通知时，停止向不列颠国王陛下及其臣民进行一切敌对行动，并且确实照办了。

……

第十一条

本条约，在缔约任何一方不作改动而经双方批准，并互换批准书之后，将对双方具有约束力；批准书应从本日起四个月之内，或如可能在更短时间内，于华盛顿互换。

各全权代表在本条约上签字盖章，以昭信守。

1814 年 12 月 24 日订于根特，一式三份。

（代表签字从略。——编者）

见《国际条约集，1648—1871》，世界知识出版社 1983 年版，第 272-278 页。

（五）拉什—巴戈特协定

（订于 1817 年 3 月 3 日）

[按]这个协定的主要内容是使大湖区中立化。后由此导致加美边界不设防政策。它是美国历史上第一个由总统缔结的国际协定。1817 年 3 月 3 日加美双方签订，美方于次年 4 月 28 日由参议院通过。1818 年后，美国总统以协定形式签订的国际约章不下几千。不同于条约，总统订立协定时，可不必在事先征询参议院的认可。这表明，在处理外交事务上，美国总统的主动权在不断增长。

以美国代理国务卿理查德·拉什先生和不列颠国王陛下全权特命公使查尔斯·巴戈特先生分别代表美国和不列颠订立。由国王陛下和美国政府在美洲诸湖水域所驻扎的海军力量，今后各限定为下列船数：

在安大略湖，只限有一艘载重不得超过 100 吨、只安装一个重 18 磅炮的船。

在上游湖域中，限有船两艘，载重不得超过同上的吨数，火力亦同。

在尚普兰湖，限有船一艘，吨位与火力同上。

在诸湖域中，所有其他船只应即刻拆除，不得再建造或武装其他战船。

今后，任一方若欲废除此规定，则须通知对方。在通知 6 个月后，规定方可失效。

受限的海军力量须遵守限定的任务，决不能干预对方武装船只正当的职责。

译自 Henry Steele Commager, ed., *Documents of American History*, New York: F. S. Crofts and Co. , 1963, Vol.1, p.213.

（六）韦伯斯特—阿什伯顿条约

（1842 年 8 月 9 日订于华盛顿）

〔按〕这个条约由美国国务卿丹尼尔·韦伯斯特和英国特使阿什伯顿勋爵签订，解决了加美长期未决的关于美国缅因州与加拿大边界划分问题。1827 年会谈曾将此项争执交由尼德兰国王仲裁，后美国和不列颠都拒绝接受仲裁结果。1838 年缅因州居民与加拿大的新不伦瑞克省居民，在争议地区的阿鲁斯图克河附近发生冲突。当时美方把这场未流血的冲突渲染为"阿鲁斯图克战争"。

条约所规定的曲曲折折的边界线，可说明 1783 年《巴黎条约》中关于缅因州与新不伦瑞克间之所以划界粗略不确，在于对该地区地理情况缺乏精确的了解。除了边界问题，该条约还规定了关于内河航行、引渡逃犯和禁止奴隶贸易等内容。

关于解决并确定边界、最后禁止非洲奴隶贸易和引渡逃犯等问题的条约。

第 1 条　特此赞同并宣布边界线如下厘定：依据美国政府与大不列颠政府间于 1794 年条约第 5 条中由专员们所标明和同意的在圣克鲁瓦河源头的界石开始；由此向北沿两国政府的测量员，根据《根特条约》第 5 条，于 1817 年和 1818 年所标出的勘测线，到与圣约翰河的交汇处，并到该河河道中间线；再沿圣约翰河主河道中间线到圣弗朗西斯河河口；再溯圣弗朗西斯河中间线及其流经的湖泊中间线，到勃赫纳葛穆克湖的出口；由此向西南划一直线到距圣约翰主河道 10 英里的西北支流上的一点，此线须为最短直线；假如发现该点距高地之顶点或脊端的最近点少于 7 英里，那么该点应从圣约翰河西北支流下游后移，使该点位于距所述脊端 7 英里之处，所述高地系隔离流入圣劳伦斯河的诸河与流入圣约翰河的诸河的高地；再划直线向南，西 8 度，到北纬 46°25′纬线同圣约翰河的西南支流相切点；再沿该支流向南，到在麦特贾麦特连水陆路上的高地的河源处；再沿隔离流入圣劳伦斯河与流入大西洋的河流的前述高地而下，至赫尔溪流的源头；再沿该溪中流而下，直至划界线与瓦林泰因和科林斯二人于 1774 年所测量和标识的北纬 45°旧边界线的交叉处。此处曾被视作并公认为美方纽约州、佛蒙特州与不列颠的加拿大省的实际分界线；从上述交叉处向西沿着上述已取得共识的分界线至易洛魁河或圣劳伦斯河。

……

第 2 条 双方并赞同，专员们共同在《根特条约》第 6 条所努力商定的地点，即该点应在莫地湖附近的尼比什河道，由该地画直线，沿圣约瑟岛和圣坦曼尼岛之间的船行河道，至圣约瑟岛顶端附近河道的划分之处；再转向东和北，绕圣乔治岛下端或苏格岛，继而沿划分圣乔治岛和圣约瑟岛的中间河道；在靠圣乔治岛最近处上溯东尼比升河道，经乔治湖中航道；再由约纳岛西，进入圣玛丽河，在圣乔治岛或苏格岛上方约 1 英里处，至该河的中部一点，这样可使约纳岛划归美国；再采取专员们在地图上所画的线，经圣玛丽河和苏必利尔湖，至该湖中罗耶尔岛以北处，此处在北方和东方应距查波岛 100 码，此岛位于罗耶尔岛的北方附近，专员们所划的线在此终止；从此点，向西南经过罗耶尔岛与西北大陆间的海湾之中航道，至皮京河河口，溯流经北和南弗尔诸湖，至苏必利尔湖和乌兹湖间高地湖泊；沿通向塞萨基那格湖的水域，并通过该湖；再经塞浦瑞斯湖、贝布朗克湖、拉克罗瓦湖、小弗米良湖和那麦坎湖，并经连接这些湖的几个小湖、几条小峡地或小溪，至拉普吕湖或雷尼湖，进而至舒底艾瀑布，专员们曾在此划线至乌兹湖最西北端；所述最西北端之点，据格林威治天文台为北纬 49°23′55″和西经 95°14′38″；再据此约，此线向正南划至北纬 49°纬线相交，并沿此线直划至落基山。双方认为，从苏必利尔湖到乌兹湖以及从苏必利尔湖到皮京河的格兰德连水陆的沿线所有水域交通和所有连水陆路，正如目前运行的情况，应对两国的公民和臣民开放，自由通行。……

……

第 8 条 双方共同约定，各方应在非洲海岸组建、装备和驻扎一支足够的现役船队或人数和装备适当的海军船队，其上共有炮不下 80 门，用以独立和分别实施在禁止奴隶贸易上两国各自承担的法律、权利和义务，所述舰队相互保持独立，但两国政府在紧急情况发生时，为了达到此条款所确定的目标，在互相磋商下，可以向各自司令官发出命令，使双方最有效地合作与协调行动；一方政府命令的副本应送交另方政府。

译自 Henry Steele Commager, ed., *Documents of American History*, New York: F. S. Crofts and Co. , 1963, Vol.1, pp.298-300.

（七）美国与大不列颠关于解决毛皮海豹捕猎争端的条约

（订于 1892 年 2 月）

[按]世界上盛产海豹的水域在阿拉斯加沿海和白令海峡，特别是普里比洛夫群岛。俄国曾认为，全部白令海域属于俄国；而美国认为，在购买阿拉斯加后，白令海就成为美国的内海。1869 年和 1870 年美国国会决定，除 6 月至 10 月外，禁止在阿拉斯加沿海或其水域猎捕海豹。此后在附有详细的限制条款下，捕杀海豹的权利全部让给阿拉斯加商业公司。在 80 年代，加拿大捕豹船只常被拘捕，因而不时引起不列颠的抗议。1891 年美英双方订立暂时协定，1892 年 2 月又召开会议，提出有关猎捕海豹和猎捕范围的争议问题 5 项，并递交一仲裁会议。1893 年仲裁会议于巴黎举行，制订出一系列保护海豹的措施。但美国认为，这些决定都对美国不利，故而执行不力，至 1898 年措施终被废止。1911 年，大不列颠、俄国、日本和美国又签订了旨在保护海豹的条约。

英美关于解决有争议的美国保护白令海海豹权利条约
（1892 年 2 月 29 日）

美国和大不列颠及北爱尔兰联合王国皇后陛下，为了和睦解决双方政府间所产生的问题，即关于在白令海水域美国的管辖权限问题，关于在上述海域保护和追捕毛皮海豹问题，以及关于各自公民和臣民在上述水域捕猎毛皮海豹或经常追猎的权利问题，兹提出下列有关问题，请予裁定。……

　　第 1 条　美国政府和大不列颠皇后陛下政府关于在白令海美方管辖权限问题，关于在上述海域保护毛皮海豹或经常追捕问题，关于两国各自公民和臣民在上述水域猎捕海豹或经常追捕权利问题，应提交一个仲裁法庭。该庭由 7 名法官组成，组成方式如下：两名由美国总统任命；两名由大不列颠皇后陛下任命；应缔约双方的邀请，由法兰西共和国总统阁下任命一名；由意大利国王陛下任命一名；由瑞典和挪威国王陛下任命一名。所任命的 7 名法官须是各自国内著名法理学家。

　　第 2 条　法官须在发出第 4 条所述的反控案后 12 天内在巴黎聚会，并须公正审慎地审阅和评判那些已经或将由美国政府和大不列颠皇后陛下政府分别送交给他们的各项问题。法庭审批的所有问题，其中包括最后裁决，须由法官的多数而定。

　　立约双方当局须各派一人出席法庭作为代理人，其人在所有有关仲裁事宜能代表其政府。

　　……

　　第 6 条　双方商定下列 5 项事务须递交仲裁人以便仲裁人就每项作出明确的决断：

　　1. 在阿拉斯加转给美国之前或至当今，俄在白令海维护和实行什么独占管辖权限和独占权？

　　2. 在海豹猎捕方面，大不列颠的管辖权限要求被承认和执行至什么程度？

　　3. 大不列颠和俄国间所定的 1825 年条约中所谓白令海，包括"太平洋"这个词，是否是现在所理解的水域？在上述条约订立之后，假如有任何权利的话，俄国坚持并单独执行在白令海的权利为何？

　　4. 在 1867 年 3 月 30 日美俄订立的条约中，关于俄国的所有权和水域边界以东白令海海豹猎捕，没有在该条约中全部转给美国吗？

　　5. 对于在白令海，一般在 3 英里界线外的，并常到美国岛屿栖息的海豹，美国有什么保护权或所有权？

　　第 7 条　决定上述美国独占管辖权限的问题，自会导致这样一种情况，即关于订立规章以适当保护和管理在白令海或常到白令海的毛皮海豹一事，还须得到大不列颠的同意，因而诸仲裁人将决定两国在管辖区外，应成立什么一致同意的必要的规章，且这些规章应延伸的水域范围。为了有助于作出上述决定，各有关政府指派成立的联席委员会应将报告，连同各政府要提出的其他证明，一起交给诸仲裁人。

缔约双方当局并同意在取得其他国家遵守这项规章方面，共同合作。

第 8 条 缔约双方当局间未能就下列责任问题取得一致，即各方对对方或对方公民提出或力陈所受损害的要求；但应说明这是次要问题，不得妨碍或拖延主要问题的提出和解决。缔约国郑重同意任一方可向诸仲裁人提出上述要求并求得裁决的有关事实的问题。任方政府可向诸仲裁人提出任何有关上述要求的事实，并请求就此作出裁定。各政府在审定事实中所承担的责任，应为进一步谈判的主题。……

译自亨利·斯蒂尔-马杰编：前引书，第 1 卷第 600-602 页。

关于海豹捕猎问题仲裁法庭所作的裁决

（1893 年 8 月 15 日）

第 1 条 美国政府和大不列颠政府应各自禁止其公民和臣民在任何时间，以任何方式，在围绕普里比洛夫群岛的 60 英里范围内，包括其领海，捕杀、猎捕或追捕一般通称的毛皮海豹。

上段文字中所述的英里是地理英里，60 至 1 纬度内。

第 2 条 双方政府应各自禁止他们的公民和臣民以任何方式，在每年 5 月 1 日至 7 月 31 日期间，在太平洋公海包括白令海，即格林威治北至北纬 35°，东至 180°经线，直达 1867 年条约第 1 条中所规定的水域边界线，并沿该线直达白令海峡，猎杀、猎捕或追捕毛皮海豹。……

第 4 条 每一航行船只必须持有其政府颁发的以猎捕毛皮海豹为目的的特许证，必须悬有其政府特别的识别旗帜。……

第 6 条 在猎捕毛皮海豹时，禁止使用网、火器和炸药。在白令海域以外，并在规定的合法期间内，这项禁令不适用于猎枪。……

第 9 条 现时所定有关保护和保存毛皮海豹的规章，在美国和大不列颠政府共同决定全部或部分废止或修改之前，如约执行。

译自亨利·斯蒂尔-马杰编：前引书，第 1 卷第 600-602 页。

（八）美国总统威廉·霍华德·塔夫脱关于美加贸易互惠条约的咨文

[按]美加第一个贸易互惠条约是在 1854 年签订的，但在 1866 年由美国宣布废止。1909 年美国《佩恩—奥尔德里奇关税法》触发加美关税战。塔夫脱遂指令国务卿诺克斯与加商订互惠协定。在得到国会认可后，塔夫脱于 1911 年 7 月 26 日签署。但在国会讨论期间，有的言论认为互惠就是最后兼并的一个步骤，因而引起加拿大朝野的惊愕与愤怒，协定遂被加拿大否定。塔夫脱倡议的互惠协定夭折。直到 45 年后，即 1935 年，加美间才订立第二个互惠条约。塔夫脱的这篇咨文，就美国对加拿大贸易所采取的政策，作了具有典型性的阐述。

致参议院和众议院：

……在〔美国〕革命结束时的条件下，不列颠在美洲大陆上那部分领地的不确定状况是不可避免的，由此引起的纠纷，有的通过仲裁，有的通过直接谈判，已逐一得到解决。经过一个世纪，这些涉及边界的划定、航行权利的规定、条约的诠释等纠纷的是非曲直，如今无须再考察。

改善商业关系的道路已经畅通，就处置有关外交和争执事务来说，互惠贸易协定是一个合乎逻辑的结果。种族、语言、政治制度和毗邻的地理位置，都为这两个民族利益的一致性提供了基础。

……

我们已经达到以政治的豁达眼光，来审视我们未来经济地位和条件的地步。我们对天然资源的耗费，已经要求我们注意其必要的限度。这就需要适当的保护，以制止浪费，使用应当限制在我们所需的范围之内。我们的人口增加了，而且大部分由我们国家自己供应的食物产品以及生活必需品的消耗也增加了。……一个有远见的政策要求我们增加我们的天然资源，特别是食物产品和生活必需品的供应，且对我们的生产和制造阶级不产生重大伤害。那么，我们现在就应如此行事。在我们的北方，有一个与我们接壤达 3000 英里的毗邻国家，在那里，有与我们相类似的，但还没有像我们这里那样被采发的天然资源。在天然资源的发展中，其关于工资和工资劳动者的特点，以及运往市场的条件同我们现行状况均相差甚微。这种差异并不大于我们国家各州之间或加拿大各省之间的差异。难道我们不应同加拿大订立一个商业协定吗？假如能这样，我们就可无任何阻碍或高关税，对加拿大的大量天然物产的供应有直接接近的机会。这并不违反保护关税的原则，因为双方都正式声称要恪守原则，也因为原则并不要求我国与在生产、人口和工资相似的国家间建立关税壁垒，而且两国还有 3000 英里长的边界。因此，同加拿大在商业上的往来必须同其他国家实行根本的有区别的对待。……

在互惠贸易协定中，在自由贸易项目单上增加了许多品类，其中不仅包括诸如牲畜、鱼类、小麦和其他谷物、新鲜蔬菜、水果、奶产品等食物类商品，而且还包括原木材和我们工业所需用的原材料。……

……小麦免税了，但面粉的税率也相应降至较低水平。同样，牲畜免税了，但新鲜肉类和肉类副产品以及肉类罐头的税率基本上都降低了。新鲜水果和蔬菜列入免税单，但这类罐头食品的关税也减少了。……

假如这个贸易协定能够订立，与〔加拿大〕自治领的友好关系会得到加强。这种友好关系使各种纠纷在历经一个世纪之后，都可取得令人满意的解决，并将会增进两个亲属民族间的友善情谊。这个协定也会为美国许多产品，在一个繁荣邻国的居民间扩大市场，那里的人口和购买力都在增长。在毗邻的领土上，食品的供应来源也可深化和扩大，并会便利这类食品的流动和分配。

……

加拿大自从成为一个国家，就是我们的友好邻邦。直接相连的边界横跨宽广的大陆，除共同使用的通航的水域外，没有人为的或天然的阻隔。……

译自 Henry Steele Commager, ed., *Documents of American History*, New York: F. S. Crofts and Co. , 1963, Vol.2, pp.60-62.

（九）美加关于保护北太平洋大比目鱼渔业条约

（1923 年 3 月 2 日订于华盛顿，1924 年 10 月 21 日换文）

[按]加美关系史上发生最早的争执问题主要有两个：一是边界问题，二是捕鱼问题。至于其他最早发生的争执问题，如赔款问题等都没有上述两个问题突出。关税贸易争执问题则发生较晚。关于边界和捕鱼争执问题自美国立国之初就开始了。前者经过 120 多年才得到解决，后者存在的时间更长几十年（其中包括捕猎海豹问题）。选译本文件的目的，在于举例说明渔业争端问题。此外，虽然 1867 年加拿大摆脱殖民地地位成为自治领，但一切外交事务仍由英国全部包办。第一次世界大战后，加拿大在外交事务上力图摆脱英国的束缚。所译本文件为一明显事例。此约直接由加拿大和美国两国代表签署，英国被拒绝参与其事。

第 1 条 据此，从 11 月 16 日交换经批准的本条约之日起，至来年 2 月 15 日的期间内，加拿大自治领和美国的国民、居民、捕鱼船只，在其领海以及加拿大自治领与美国西海岸以西的公海，其中包括白令海，禁止捕大比目鱼。今后每年上述两个日子定为期限。除非在下文所述的国际渔务委员会的建议下，这个禁捕季节在此后经过三个季节之后或在双方缔约当局达成特别协议，并及时得到批准后，可加以修改或终止。

双方认为，本条款并不限制加拿大自治领和美国的国民或居民以及捕鱼船只，在本条款限定的禁捕大比目鱼的季节中，在上述规定的捕鱼水域中捕其他鱼类。在本条款限制捕大比目鱼的季节中，若在捕其他鱼类时，偶然捕得大比目鱼，这种大比目鱼只可由从事捕鱼船只上的水手留作食用。凡不用于上述用途的部分，须运上岸，并及时交给加拿大自治领的航运和渔业部或美国商业部的有关当局的官员。执行本条规定官员在收鱼后，由他们拍卖给最高出价人。售货所得，除去执行有关规定所需的花销外，由他们交付各自国家的财政部。

第 2 条 任何加拿大自治领或美国从事捕大比目鱼的国民或臣民以及捕鱼船只，违反上述条例，除属于另方管辖权者外，可由任一方缔约当局予以逮捕，由执行逮捕当局予以拘留，并在双方商定的离逮捕处最近的地点或其他地方，尽速将这类人员、船只解交所属国家的负责官员。凡违反任方缔约当局负责执行的上述条款或法律或规章规定的人员、船只，其所属国家当局唯有司法权执行强制性措施，并对这类违反规章事宜加以惩罚。凡强制性措施必需的见证和证词，若这些见证和证词在另方缔约当局的管制下，即应向具有进行强制措施的当局尽速提供。

第 3 条　在本条约换文后两个月内，缔约当局双方赞同指定一个委员会，名为"国际渔务委员会"由 4 人组成，双方各指派 2 人。在本条约有效期间，该委员会继续存在。双方应各自付给委员会成员薪金和用费。委员会所需费用由缔约当局各付一半。

委员会对于太平洋大比目鱼的生活史应进行一次详细的调查，这种调查应尽速进行。委员会应将调查的结果向两国政府报告，关于北太平洋，包括白令海，大比目鱼渔业的保护和发展所需的规章，应提出建议。

第 4 条　缔约国双方当局赞同制订并实施必要的法规，对于违反本规定者予以适当的惩罚。

第 5 条　本条约有效期为 5 年，若终止条约，缔约国当局任一方须于两年前将休约意向通知对方。本条约得由缔约国双方当局根据其宪法程序予以批准。批准后，应尽速在华盛顿换文。在换文之日其即开始生效。

本条约相同文本由有关全权代表郑重签署，并加盖印章。

欧内斯特·拉普安特（签字）

查尔斯·伊万斯·休斯（签字）

译自 Arthur B. Keith, ed., *Speeches and Documents on the British Dominions, 1918-1931: from Self-government to National Sovereignty*, Oxford University Press, 1961, pp. 311-314.

（十）1923 年不列颠帝国会议关于自治领缔约权限的决议

[按]本决议中关于签字的规定[2.（a）]旨在认可 1923 年 3 月 2 日加美大比目鱼渔业条约的签署方式。[参见文件（a）]。从本文件的规定中，也

可看出包括加拿大在内的各自治领的外交权力正在扩大。

下列决议被制订：

会议向与会帝国各国政府建议，在有关国际协定的谈判、签署和批准方面均遵守下列程序。

根据正式的外交惯例，"条约"一词意指各国政府首脑间以条约形式表达一种协议，由具有各政府首脑赋予全权和授予签约权力的全权代表签署。

1. 谈判

（a）在未适当考虑对帝国其他部分，或在必要情况下对整个帝国发生可能的影响前，帝国任一政府不应谈判条约。

（b）在开始进行缔约谈判之前，应采取措施，保证通知帝国中对此可能发生关注的任一政府。假如该政府认为其利益受到影响，它可表达它的意见。若与其利益直接相关，可参与谈判。

（c）若一个以上的帝国的政府参加谈判，在谈判前和谈判期间，各政府间应尽量充分交换意见。就在国际会议上谈判条约来说，若不列颠帝国代表团为一个，则根据现行的成规，各自治领和印度分别派出代表。代表也应服从本目标的完成。

（d）必须采取措施保证向未参与谈判的帝国各政府的代表，在谈判进行期间，告知会议中提出的他们关注的任何细目。

2. 签约

（a）仅由帝国某一方承担的双边条约，应由该方政府的代表签字。向该代表授予的"全部权力"应指明帝国的该方面所担负的有关义务。在条约的导言和正文中，应作如此说明，以明确它的范围。

（b）若一双边条约涉及帝国中一个以上方面，条约应由一个或多个代表所有有关政府全权代表签字。

（c）由国际会议谈判的条约，现行的由代表帝国各政府出席会议的全权代表签字，这种办法继续施行。"全部权力"应与巴黎会议①和华盛顿会议②所采用的形式相同。

3. 批准

与批准条约有关的现行办法应予以维持。

……

节译自 Arthur B. Keith, ed., *Speeches and Documents on the British Dominions, 1918-1931: from Self-government to National Sovereignty*, Oxford University Press, 1961, pp. 319-320.

注：①指 1919 年的巴黎和会。
②指 1921—1922 年的华盛顿议。

（十一）1927 年美国特命全权公使向加拿大政府呈递国书

（1927 年 3 月 5 日）

[按]这份具有历史意义的国书由美驻加公使于 1927 年 6 月 1 日呈加拿大总督。这一礼仪性活动标志着加拿大在外交事务上获得实际的独立地位。

美国总统卡尔文·柯立芝致不列颠及北爱尔兰联合王国、不列颠海外诸自治领国王、宗教信仰的保护人与印度皇帝乔治五世陛下。

伟大的、尊贵的朋友：

我已授予美国高贵的公民威廉·菲利普斯先生以特命全权公使头衔，特令其在加拿大自治领内代表美国的利益。他充分得知本政府极力推进本国与陛下加拿大自治领间长期存在的友谊的愿望。

因此，我请求陛下惠予接待，并把他推荐给加拿大自治领的官员们，以便他代表美国所作的发言能得到完全的信任。我责成他向你及加拿大自治领政府转达本政府对不列颠帝国繁荣昌盛的祝愿。

祈上帝恩佑陛下。

你的忠实朋友
卡尔文·柯立芝

译自 Arthur B. Keith, ed., *Speeches and Documents on the British Dominions, 1918-1931: from Self-government to National Sovereignty*, Oxford University Press, 1961, p. 447.

（十二）威斯敏斯特法

（1931 年 12 月 11 日）

[按]1931 年英国议会通过的《威斯敏斯特法》承认自治领为独立平等的主权国家，但共戴英国国王。自治领议会不受帝国议会法律的约束，在国际事务中具有外交自主权，在有关国际组织中独立派驻各自的外交使节。实际上，在本法制订前，加拿大就已为之，如 1926 年向美国、1928 年向法国和日本派出常驻使节。

本法案实施 1926 年和 1930 年帝国会议所通过的某些决议。

……

……今后由联合王国议会所制订的法律，不能延伸到上述诸自治领，而作为该自治领法律的一部分，除非该自治领提出申请和予以同意。这样才与已经建立的宪法的立场相一致。

……

1. 本法案中所谓"自治领"意指下列任一自治领，即加拿大自治领、澳大利亚联邦、新西兰自治领、南非联邦、爱尔兰自由邦和纽芬兰。

2.（1）在自治领议会开始施行本法案后，1865 年《殖民地法律效力法案》不得运用于任何法律。

（2）在开始施行本法案后，自治领议会制订的任何法律和任何法律条文，不得以违反英国法律或违反联合王国议会的现行的或未来的法案规定，以及违反这类法案所制订的法令、法规和规章为理由，被宣称无效或失效。自治领议会的权力包括废除或修订任何这类法案、法令、法规或规章的权力，只要这些是自治领法律的一部分。

3. 兹宣布并立法规定，自治领议会拥有全权，以制订具有运用治外法权的法律。

4. 本法案开始生效后，联合王国议会的法案不得作为自治领法律的组成部分，延伸或被认为延伸到自治领，除非在该法案中该自治领明确宣布申请或赞同这种法规。

……

7.（1）本法案不得应用于 1867 年至 1830 年间对《不列颠北美法案》所作的废止、修订或变动，以及所作的任何法令、法规或规章。

（2）本法案第三节所制订的规定得延伸至加拿大任何一省所制订的法律，得延伸至这些省份的立法机关的权力。

（3）本法案授予加拿大议会或授予各省立法机关的权力，得限制于在加拿大议会或各省立法机关的权限之内的事务中制订法律。

……

11. 自本法案生效后，在联合王国议会所作的任何法案中，1889 年在《诠译法案》中关于"殖民地"一词的任何解释，不得包含自治领或组成自治领的任何省或邦。

12. 本法案名为"1931 年威斯敏斯特法"。

节译自 Arthur B. Keith, ed., *Speeches and Documents on the British Dominions, 1918-1931: from Self-government to National Sovereignty*, Oxford University Press, 1961, pp. 303-307.

（十三）加美互惠贸易协定

（1935 年 11 月 15 日加美签订，1936 年 5 月 14 日美国国会批准）

［按］1930 年美国制订了《霍利—斯穆特关税法》后，美国关税壁垒达到其历史上最高点。1933 年新上任的美国总统富兰克林·德拉诺·罗斯福和国务卿科德尔·赫尔由于面临经济大恐慌的胁迫，决定以降低关税作为扩大对外市场、缓解经济危机的手段。1934 年美国与一些国家订立"互惠贸易协定"，有的商品降低关税达 50%。1934 年后 6 年间，赫尔签订 22 个互惠贸易条约。1935 年与加拿大签订了类似协定。这个协定曾引起特别是来自美国中西部农业利益的广泛反对。

美国总统发布的公告

美国国会通过的《1930 年关税法案》，由 1934 年 6 月 12 日通过的法案加以修订。新法案名为《对 1930 年关税法案的修订法案》，其内容如下：

……为了扩大美国产品的国外市场（作为帮助从目前危机中恢复美国生活水准，克服国内失业和目前经济恐慌，增加美国公众的购买力，建立并保持美国农业、工业、矿业和商业各部门较好关系的手段），根据美国生产各部门的特点和需要，调节外国商品进入美国，从而在美国向外国产品提供相应市场经营机会，以便为美国凡需要和能够发展这种输出渠道的生产部门在国外取得市场，总统一旦发现任何现行的关税及美国或任何外国的其他进口限制对美国的国外贸易不适当地增加负担和受到限制时，以及在实施上述意向的手段时，他随时有权去……

……

就加拿大自治领而言，美国总统和大不列颠、爱尔兰、不列颠海外诸自治领国王陛下及印度皇帝，希望便利和扩大美国与加拿大间现存的商业关系，以促进贸易，因而授予相互和互惠的让与和利益，并订立一个贸易协定以降低妨碍双方贸易的阻碍。为此，双方各自全权代表商订下列条款：

第 1 条　关于关税、各种附加费用和税收的方式等事宜，以及未来关于有关的规章与通过海关办理货物有关的手续和费用、关于在其国内出售和使用输入商品等事宜的法律或规章，美国和加拿大得彼此授予无条件的和无限制的最惠国待遇。

因此，在有关上述事宜中，凡产自两国中任一国的天然产品或制造业产品，在关税、税收或费用方面，不得另列或高于今后产自第三国的同类产品；比今后产自第三国的同类产品，在规章或手续方面也不得另立规定或更加繁重。

同样，在输出和有关上述事宜方面，凡从美国或加拿大输出和输往其他国家的天然产品或制造业产品，在任何关税、税收和费用方面，不得另立或高于今后输往任何第三国领地的同类产品；比今后输往任何第三国领地的同类产品，也不得在规章或手续方面另立规定或更加繁重。

对于上述事宜，美国或加拿大对已经或今后产自任何第三国或输往任何第三国的天然产品或制造业产品所允准的任何利益、优惠、特权或豁免应立即实施，并且如同分别产自或输往加拿大或美国的同类产品一样不附加补偿，不论运输船只的国籍。

第 2 条　美国和加拿大对于从其他国家输入不适合输入的产自任何第三国的同类产品，不得施以任何禁止或保留任何限制。任一国对于第三国的某一产品，即使暂时惠准任何废除进口禁令或限制，也应对产自对方领地的同类产品立即并无条件地加以实施。这项规定对于输出同样适用。……

第 3 条　本协定所附的目录表 I 中所列举和记述的在美国生长、生产或制造的产品输入加拿大时，应免去通常关税中超过在所述目录表中所规定的部分。此类产品也免去在本协定签字日或签字日加拿大法律要求此后实施的加诸入口或与入口有关的一切其他关税、税收、费用、收费或索费。

第 4 条　本协定所附的目录表 II 中所列举和记述在加拿大生长、生产或制造的产品，在输入美国时，应免去通常关税中超过在所述目录中所规定的部分。……

第 5 条　本协定第 3 和第 4 条并不妨碍任一方政府对输入的任何产品征收的费用，相当于对国内同类产品，或相当于由输入产品全部或部分制造或生产的商品所征的国内税收。

第 6 条　在美国或加拿大生长、生产或制造的产品，在输入对方后，得从所有国内税收、费用、收费或索费中减免所有另加的或高于其国或任何其他外国所生产的同类产品应付款额。

第 7 条　美国对于在目录表 II 中列举和记述的输入美国或在美销售的加拿大生长、生产或制造的产品，不论其是否由中央机构集中管制，均不得实施禁止、入口或海关限额、入口许可或其他任何有关数量规定的制度。在目录表 I 中所列举和记述的任何在美国生长、生产或制造的产品，在进口或销售方面，加拿大也得实施上述规定，除非在所述的目录表中作了特殊的规定。

……

第 9 条　美国和加拿大彼此给予其国民以本协定中所规定的关税利益与其他利益，条件是：假如任一国家的政府直接或间接地对外汇设立或维持任何形式的管制，这种管制的实施须保证在汇率的分配上，给予对方国家的国民和商业以公正和平等份额。

第 10 条　美国和加拿大间流通的汇率若出现大的变动时，任一方政府若认为这种变动严重得损害其工业或商业时，可建议举行谈判，以修改本协定；假如在收到这种建议后于 30 天内未能达成协议，提出建议的政府可在通知后 30 天全部终止本协定。

第 11 条　假如任一国家的政府采取即使与本协定不发生矛盾的任何措施，但另一方政府认为有终止或损害本协定任何目标的影响，采取任何这类措施的政府应考虑另方政府为了实现有关事宜的相互满意的协调的申述和建议。……

　　第 12 条　本协定不得解释为阻止采取禁止或限制输出或输入金银的措施，或阻止采取任方政府认为适当管制出口兵器、军火或军械以及在特殊情况下所有其他军用供给的输出或销售的措施。

　　……

　　第 14 条　任方政府保留撤销或修改本协定对任何种产品所承诺的让与的权利，或保留对任何此类产品施加数额限制的权利，假如该国将这种让与延伸至第三国，而这些国家从这种让与得到主要利益，并由此导致这类产品输入不适当地巨量增加。……

1935 年 11 月 15 日于华盛顿。制有复本。
　　呈　美国总统
　　　　　　美国国务卿　科德尔·赫尔
　　呈　大不列颠、爱尔兰和海外不列颠诸自治领国王陛下及印度皇帝
　　呈　加拿大自治领
　　　　　　总理　W. L. 麦肯齐·金

节译自 Henry Steele Commager, ed., *Documents of American History*, New York: F. S. Crofts and Co. , 1963, Vol.2, pp. 341-344.

（十四）奥格斯登堡宣言

（1940 年 8 月 18 日）

[按]美国总统富兰克林·德拉诺·罗斯福与加拿大总理麦肯齐·金于 1940 年 8 月 24 日在奥格斯登堡（纽约）共同发表的半球防务声明史称《奥格斯登堡宣言》。这个宣言发表于第二次世界大战全面爆发后的第二年，规定了两国在保卫北美大陆问题上的共同举措。

　　总理和总统讨论了有关共同防务加拿大和美国安全的问题。
　　两国已经同意立即建立一个"常设联席防务委员会"。

常设联席防务委员会立即开始研究包括人员和物质在内的有关海、陆、空问题。

广义而言，这是有关西半球的北半部的防务问题。

常设联席委员会将由双方 4 至 5 名成员组成，其中大部应来自现役军人。委员会于近期举行会议。

译自 Henry Steele Commager, ed., *Documents of American History*, New York: F. S. Crofts and Co. , 1963, Vol.2, p. 444.

（十五）美国、加拿大自由贸易协定

（1988 年 1 月 2 日签订，12 月 31 日双方外交部通知对方已完成批准手续，1989 年 1 月 1 日生效）

[按]这个协定是当时国别间规模最大、内容最详尽的贸易协定，共 315 页。协定在签字的未来 10 年，清除美加两国间大部分的贸易障碍，其中包括全面取消关税。它包罗商业上每一个层面，不单清除关税，还尝试着找出一些不明显的跨国贸易障碍。1988 年美加自由贸易协定是 1992 年美、加、墨三国自由贸易协定的张本，而后者包含了前者的基本内容，并加以扩大。

I. 美加自由贸易协定实况介绍

如果美加已达成的自由贸易协定被批准并实施，则将于 1989 年 1 月 1 日生效，该协定规定如下：

△在实施协定的十年内，取消双边产品贸易的所有关税。

△减少非关税贸易障碍。

△确定双边贸易服务行业经营原则。

△建立双边实施投资的规章。

△解决许多双方悬而未决的贸易问题。

△增进两国能源和国家安全。

△便利业务旅行。

△及时建立一个双边争端调解机构。

经济的含义

每年美国和加拿大交换比世界上任何两国更多的产品和服务。1986 年双边在产品和服务上的贸易超过 150 亿美元。消除两国贸易间的关税和大多数其他障碍，将增长经济的发展、降低价格、扩大就业并且促进两国在国际市场中的竞争能力。

谈判的时间顺序

Δ1985 年 3 月，里根总统和马尔罗尼总理要求他们的贸易官员们探索减少和消除美加两国贸易现存的障碍。

Δ1985 年 9 月 26，马尔罗尼总理正式要求美加考察一下谈判一个全面的自由贸易协定的潜力。

Δ1985 年 12 月 10 日，里根总统向国会宣布他用"特快程序"和加拿大达成一个自由贸易协定的意向。

Δ1986 年 6 月 17 日，美加谈判代表就自由贸易区问题在渥太华举行首次会晤。

Δ1987 年 10 月 3 日，里根总统向国会宣布他与加拿大达成自由贸易协定的意向。

Δ1987 年 12 月 9 日，美加谈判代表草签了一个协定的最后文本。

Δ1988 年 1 月 2 日，里根总统和马尔罗尼总理在协定的最后文本上签字。

1974 年贸易法案的第 102 款授权总统开始谈判双边自由贸易协定，并在"快捷程序"的基础上使国会予以审批。第 102 款在 1988 年 1 月 2 日午夜失效。

为了使双边协定符合特快程序的要求，须符合下列条件：

Δ谈判必须由外国提出。

Δ总统必须在议会日 60 天前，就谈判事宜通知众议院筹款委员会和参议院财政委员会。

Δ在订定协定 90 天前，总统必须向国会告知其待订协定意向。

在订定协定之后，总统必须将协定与实施议案的草案、对实施协定的任何行政措施的意见、对议案和意见如何改变和作用于现存法律的解释、对此协定服务于美国商业利益的原因及对议案和提议的措施为什么是适当且合乎要求的的解释一道递交给国会。

实施议案在同一天提交给参众两院和司法委员会。众议院委员会有 45

天的时间，在这期间，众议院开会报告议案；在此期间之后，众议院委员会将自动不予进一步考虑。在众议院委员会接受议案后，众议院在 15 天内开会投票。

在参议院接受这个议案后，参议院委员会有 15 天时间，在这期间，参议院开会报告议案；在此期间之后，参议院委员会将自动不予进一步考虑。在参议院委员会接受议案后，参议院在 15 天内开会投票。

议案的修正案没有先后次序。由参众议院绝对多数通过。

Ⅱ 美加自由贸易协定重要条款摘要

△ 关税：到 1999 年 1 月 1 日，取消所有加拿大及美国产品的关税。

△ 产地来源规则：制订规则以决定产地来源，并防止第三国利用自由贸易协定取得关税优惠。

△ 海关：货品退税计划的使用费将于 1994 年 1 月 1 日停止征收。双边贸易豁免税的执行费用（不包括汽车公约）则于 1988 年 1 月 1 日终止收取。

△ 配额：取消进出口配额，除非关贸总协定所容许或在协议中所指定的。

△ 国产待遇：重申关贸总协定的原则，防止对进口产品有区别对待。

△ 标准：禁止以产品标准作为贸易关卡的测试实验室及签发证书的机构亦不分国别。

△ 农业：取消双边关税和出口补贴。缩减或消除对部分产品的数量限制，例如肉类。取消加拿大小麦、燕麦和大麦的入口许可证。美国谷物价格支援要等同或低于加拿大。

△酒类和酒精饮料：撤销对入口酒类或酒精饮料的不平等对待。

△能源：终止大部分能源产品的进出口限制，包括最低出口价。用出口配额来加强供应短缺和改善保护措施，双方按比例分享资源。阿拉斯加石油每天可输 5 万桶往加拿大。

△汽车：以更严格的自由贸易协定生产内容规定代替汽车公约内免税入口美国的加拿大生产内容规定。关于汽车免税入口加拿大，没有改变汽车公约对原有内容资格公司的规定，但不再让新公司获得此等资格。协议内容允许符合规定的美国汽车和零件可按协议税率缴税后输往加拿大。此等关税将分十年逐步取消。加拿大的汽车关税豁免计划将于 1998 年全部停止。

△紧急行动：允许在少数的情况下实行临时性的人口限制措施，以保护受人口损害的本国工业。

Δ政府采购：扩大政府采购市场规模，并开放给对方的供应商。

Δ服务行业：政府承诺在未来立法时，不会歧视对方提供服务的公司（运输服务行业除外）。

Δ临时签证：方便商务旅客、投资者、贸易商、专业人士和行政人员在公司内的调派。

Δ投资：成立、收购、出售、经营等都得到所在国的同等待遇。加拿大更承诺终止对间接投资的审查，并提高直接投资的审查门槛至 1 亿 5 千万加元（以 1992 年的固定币值计算）。废止大部分对投资形式的要求。

Δ金融服务：豁免美国银行在加拿大的附属公司百分之十六资产上限的规定。终止对美国购买受联邦管制的保险和信托公司股权的限制。对美国公司申请加入加拿大金融市场的审查将与加拿大公司的申请等同看待。容许美国银行包销及交易加拿大政府或有关政治单位所支持的债券。协议保证加拿大的银行可继续经营在美国跨州的分行。

Δ解决一般纠纷：成立一个两国专员公署，专责排解纠纷（金融服务、抵消关税和反倾销案除外）。

Δ解决抵消关税和反倾销的纠纷：允许各自继续实施有关现行法律，但可按要求，由一个两国组成的专案小组代替法律审查。然而，在应用本国法律时，必须相应考虑符合国际法。

Δ软木料：保留 1996 年与加拿大所签有关实施省份订价的协议。

Δ文化：文化事业虽不包括在自由贸易协定之内，但可授权对不符合协定的商业行为采取相应的措施。

白宫新闻秘书办公室 1988 年 1 月 2 日快捷程序件。见陈芝芸：《北美自由贸易协定：南北经济一体化的尝试》，北京：经济管理出版社，1996 年版，第 169-209 页。

（十六）北美自由贸易协定

（1992 年 8 月 12 日签署，1993 年三国议会分别批准，1994 年 1 月 1 日生效）

[按]北美自由贸易协定是美国、加拿大和墨西哥在 1992 年 8 月 12 日签署的关于三国间全面贸易的协定。该协定的文本共几千页，内容庞大且范围广泛，并具有较大的现实意义，故摘译较详。

……

原产地规则

……

原产地规则规定，全部在北美国家生产的商品将被视为该地区产的商品。含有地区外材料的商品，只要这些材料在协定的任何成员国里得到加工，也被视为本地区产的商品，但这种加工应足以改变其根据协定有关条款规定的关税类别。在某些情况下，除需具备关税类别的条件外，商品还应达到专门的本地区含量比例。北美自由贸易协定有一个条款同美加自由贸易协定的一个条款相似，即当最终商品和其零配件被专门列为同一个分税目并符合本地区含量的条件时，该商品也被视为本地产商品。

商品贸易

国民待遇：

自由贸易协定遵循关贸总协定的国民待遇的基本原则。从自由贸易协定一成员国进入另一成员国的商品不得受歧视。这一保证同样适用于有关省和州的条款规定。

市场准入：

这些条款确定了有关税率与其他捐税以及数量限制的规则，其中包括配额、许可证以及商品交易需遵循的进出口价格条件的规则。同样，这些条款将使在北美地区生产和交易的商品更方便和更可靠地进入市场。

取消关税：

自由贸易协定规定，对根据原产地规则被视为北美的商品逐步取消所有关税。大多数商品的现行税率将立即或在 5 年或 10 年内逐步取消。对某些敏感产品执行的税率将最多在 15 年的时期内按每年减少相同百分比逐步取消。取消关税均以 1991 年 7 月 1 日执行的税率为基点，包括加拿大的普遍优惠税率和美国的普遍优惠制税率。预计三国有可能以比预计更快的速度进行协商并就取消关税达成一致意见。

对进口和出口的限制：

三国将取消数量上的禁止和限制，如在边境实行进口许可或配额。但是，各成员国保留在边境实行有限限制的权力，以保障人和动植物的生命或健康，或保护环境。另外，对农牧产品、汽车、能源和纺织品还实行特殊规则。

退税：

自由贸易协定对以后向协定另一成员国出口的商品在生产时使用的材料，规定了退税或退免税方案的规则。

对墨西哥和美国，以及墨西哥和加拿大之间的贸易，现行的退税方案将从 2001 年 1 月 1 日取消。协定把美国自由贸易协定中规定的取消退税方案的期限延长 2 年。在这些方案取消后，各国将采取步骤，避免对那些在自由贸易范畴内仍需课税的商品在两个国家"双重征税"。

……

纺织品和服装

……

取消关税和非关税壁垒：

三国将立即或最多在 10 年内逐步取消北美生产的、符合协定原产地规则的纺织品和服装的关税。此外，美国将立即取消对墨西哥此类产品的进口配额，并对墨西哥不符合原产地规则的加工产品逐步取消进口配额。任何国家均不得再设置新的配额，除非是根据有关保护的特别规定。

保护：

在过渡期内，如果纺织品和服装的生产者由于从自由贸易协定其他成员国的进口增加而面临严重损失时，进口国为临时性保护这一工业可以提高关税，或根据特别条款对进口实行配额。对符合自由贸易协定原产地规则的商品，进口国只能采取关税保护。

原产地规则：

关于纺织品，协定有包括原产地规则在内的专门规则，以确定进口的纺织品和服装是否能享受关税优惠待遇。对大多数产品来说，原产地规则是"从纱线起"的规则，也就是说，为享受优惠待遇，纺织品和服装的加工应从自由贸易协定某一成员国生产的纱线开始。对某些产品，如棉线、合成和人造纤维则规定"从纤维起"的规则。……

……

汽车产品

自由贸易协定将在自由贸易的范畴内取消地区内小汽车、卡车、公共汽车和部件（汽车产品）的贸易壁垒并在 10 年内取消在该部门投资的限制。

……

汽车：

根据美加自由贸易协定，美国和加拿大已取消了汽车贸易的关税。对从墨西哥的进口，协定规定，美国将：

——立即取消小汽车的关税；

——立即把轻型卡车的关税降至 10%，并在 5 年内逐步取消；

——10 年内取消对其他各类汽车的关税。

对从加拿大和美国的进口，墨西哥将：

——立即把小汽车的关税率降低 50%，并在 10 年内逐步取消；

——立即把轻型卡车的关税降低 50%，并在 5 年内逐步取消；

——10 年内逐步取消对其他各类汽车的关税。

加拿大将在墨西哥取消从美、加进口汽车的关税的同一时期，取消从墨西哥进口汽车的关税。

部件：

各国将立即取消对某些部件的关税，其余部分将在 5 年内取消，一小部分则在 10 年内取消。

……

能源和基本石油化工产品

这一部分确定了三国在原油、天然气、提炼产品、基本石化产品、煤、电和核能方面的权利与义务。

三国在自由贸易协定中强调，完全尊重各国的宪法，同时希望加强能源和基本石油产品在地区贸易中的重要作用，并通过逐步和稳定的自由化进程改善这种作用。

自由贸易协定有关能源的条款，包括并发展了关贸总协定对能源和基本石化产品贸易有关进出口数量限制的纪律。自由贸易协定明确规定，根据这些纪律，一个国家不能规定进口或出口的最高价格。自由贸易协定还规定，各国可实行进出口许可证制度，只要它符合协定的规定。另外，各国不能对能源或基本石化产品的出口征税或收费，除非国内消费这些产品也同样征收这些税或费用。

只有在某些特殊情况下，如保存可枯竭的自然资源、抑制能源短缺状况、执行稳定价格计划等，才能对能源的进出口进行限制。

……

自由贸易协定专门为墨西哥政府保留了对石油、天然气、提炼产品、基本石化产品、核能和电力能源的所有权，以及在这些部门的经营权和投资权。

……

农业

自由贸易协定分别规定了墨西哥和加拿大，以及墨西哥和美国之间农牧产品贸易的双边承诺。在这两种情况下均承认农牧业部门结构的差异，包括建立有关保护的特别过渡机制。一般说来，在美加农牧产品贸易中仍执行美加自由贸易协定中有关关税和非关税壁垒的规则。三边的条款规定对出口实行国内扶持和补贴。

关税和非关税壁垒：

对于墨西哥和美国之间的贸易，墨西哥和美国将通过转换成关税——配额制或关税，立即取消非关税壁垒。

……

协定生效时，墨西哥和美国将取消一大批农牧产品的关税，这些产品的贸易额约相当于双边农牧产品贸易额的一半。墨美间的关税壁垒将在协定生效后的 10 年内取消，但某些极其敏感产品的进口例外，如墨西哥的玉米和红小豆，美国的橙汁和糖，这些产品的关税将在额外增加的 5 年内逐步取消。

……

加拿大和墨西哥之间的贸易，除奶制品、家禽、鸡蛋和糖外，加拿大和墨西哥将取消其农牧产品贸易的关税和非关税壁垒。

加拿大将立即取消从墨西哥进口小麦、大麦及其制品、牛肉和小牛肉、人造黄油的限制。同时，加拿大和墨西哥将立即或最多在 5 年内取消目前对大部分蔬菜和水果实行的税率，其余的则在 10 年内取消。

……

三国将以美加自由贸易协定有关出口补贴的双边规定为基础，力求在北美农牧产品贸易中取消出口补贴，以作为在全球范围内实现取消补贴的一种方法。

……

投资

协定规定将取消重要的投资障碍，给予三国的投资者以基本保障，并建立一种解决投资者和自由贸易协定某一成员国之间可能发生的争端的机制。

包括的范围：

这一节确定了一成员国的投资者在另一成员国进行投资需执行的规定。本协定关于投资的概念是广义的，因为它包括对企业的各种形式的所有权和以有形资产或无形资产的参与，以及通过合同产生的所有权。

非歧视待遇和最低待遇：

各国给予自由贸易协定成员国的投资者及其投资的优惠待遇将不低于给其本国投资者（国民待遇）或其他国家的投资者（最惠国待遇）的优惠待遇。从州、省或市级的规定来说，国民待遇即为不低于给其本州、省或市的投资者的优惠待遇。同样，各国将给予自由贸易协定国家投资者的投资以合理公正的待遇、符合国际法的充分的安全感和保护。

……

金融服务

协定确定了建立在规则上由政府调节金融服务规定的基础上的整体格局。凡涉及银行、保险公司、证券公司服务和其他金融服务的措施均应执行本节规定。此外，各国要确定其放开金融服务的具体承诺、遵守商定的过渡期原则和对这些原则的某些保留。

原则：

贸易的存在和跨境交易。协定规定，某一成员国的金融服务提供者可在另一缔约国开业，从事银行、保险、证券的交易和提供所在国确定的其他金融性质的服务。各国将允许其居民在另一国境内得到金融服务，并不得对任何金融部门的跨境交易规定限制条件，也不得对已有的限制增加补充规定，但已被国家专门排除在这些义务之外的部门例外。

……

各国的承诺：

墨西哥：墨西哥将允许根据自由贸易协定其他成员国的法律组成的金融公司在其境内设立金融机构，这些机构在到 2000 年结束的过渡期内将受市场的某些限制。2000 年以后，墨西哥可在银行和证券部门实行临时性保护。

……

加拿大：美加自由贸易协定规定，美国的公司和个人不受加拿大对非当地居民的“10.25”法规定的约束，该法不允许非当地居民整体购买属联邦管辖的任何加拿大金融机构 25%以上的股份。自由贸易协定生效后，加拿大把对美国的这一例外扩大到墨西哥的公司和个人。墨西哥的银行也不受加拿大对自由贸易区以外的银行实行的不得超过资产 12%的限制的约束，在加拿大境内设立一家以上的分行时，也无需得到财政部的批准。

美国：美国将允许已合法购买一家在美国营业的墨西哥银行的墨西哥金融集团，在购买后的 5 年内继续经营其在美国的交易所，但这种购买必须在协定生效前，且购入的银行和交易所分别在 1992 年 1 月 1 日和 1992 年 6 月 30 日在美国市场营业。交易所不得扩大其经营范围，也不得购买美国的其他交易所。同时，它还将受限制交易所和其分支机构间交易的非歧视性措施的约束。除这些规定外，这一承诺将丝毫不影响墨西哥金融集团的美国银行的交易。

……

知识产权

自由贸易协定根据关贸总协定的工作和与此有关的最重要的国际性协议，确定了对知识产权的主要义务。各国将在遵循国民待遇原则的基础上，适当和有效地保护知识产权，并保证在国内和北美地区有效地落实这些权利。

协定确定了专门的承诺，以保护著作权。包括音像制品的版权、专利权、商标权、植物的提炼权、工业设计、工业秘密、集成电路（半导体电路）以及（特产的）产地专利权。

著作权：

在著作权方面，协定缔约国的义务是，保护微机软盘，如文学著作，以及数据基准，如汇编，给予微机软盘和音像制品的作品版税，并规定音像制品的保护期最低为 50 年。

专利权：

协定对发明给予保护，因此要求各国给予包括药物和农业化学产品的各类发明和工序以专利权；取消对特种产品的特殊制度，取消所有对购买专利权的规定，以及在利用和享有当地和国外的专利权方面的所有歧视；给专利拥有者提供机会，使他们得到药物和农业化学产品的发明保护，而以前不给予这类发明以专利权。

知识产权的其他权利：

此外，本节还确定了保护下列权利的规则：和产品商标一样保护劳务商标；保护由卫星发出的编码信号，以防非法使用；一般的工业秘密，以及保护公司有关药物或农业化学产品的效果和安全性方面的结果，不让有关当局公布；集成电路本身及其组成的零部件，（特产的）产地专利权，以保护商标的拥有者，避免导致公众犯错误。

实施程序：

协定还包括对以下方面的具体义务：落实知识产权各种权利的法律程序，包括有关损失、预防性中止和一般情况下程序合法性的规定，以及在边境执行知识产权的各种权利。包括防止滥用的保护措施。

杨仲林摘译自墨西哥《对外贸易》杂志 1992 年 9 月号，徐世澄校，见《世界经济译丛》1993 年第 9 期，第 37-48 页。

后 记

　　这本书写于 20 世纪 90 年代初。在写作过程中，笔者得到过许多学者的鼓励与帮助。当时的南开大学历史研究所所长张友伦教授、南开大学加拿大研究中心两位主任韩经纶和谷启楠教授、外交学院苏格教授等都对本书的写作提出过切要的意见。在笔者赴加拿大多伦多大学历史系进行访学期间，加美关系史专家罗伯特·包斯维尔教授提出过有益的建议。武汉大学历史系李世雅教授、美国-加拿大经济研究中心周茂荣教授提供过宝贵的资料。本书于 1995 年 10 月由天津社会科学院出版社出版。时隔 28 年，本书的再次出版又得到南开大学历史学院的热情支持。对于以上学者和研究机构的关怀与襄助，在此一并致以诚挚的谢意。

　　为反映 20 世纪 90 年代初学术条件的真实状况，此次未增加任何内容，只从文字上进行了勘校，尚希读者不吝指教。

杨令侠

2023 年夏

作品简介

　　本书是从加拿大的角度考察加拿大与美国关系的，时间跨度是从 18 世纪中期至 20 世纪末，研究内容不仅涉及加美双边外交关系，还包括政治、经济和社会文化关系。本书梳理了两个多世纪加拿大与美国关系的轨迹，试图阐释造成加拿大长期以来对美国避之不及，又离之不得的根本原因。虽然加美两国都曾是英国的殖民地，有不少共性可言，但是在地理气候、建国方式、地缘政治、经济与人口，以及国民性等方面存在的差异，导致两国间出现巨大的不对等性。从加拿大成为英国殖民地始，加拿大长期依赖英国的庇护，生存于英、美、加三角格局的夹缝中，直至一战后才有条件地在英帝国范围内展开独立自主的活动。二战是加美关系的另一个转折点，英、美、加北大西洋三角关系消失了，代之而起的是美国主导下的加美双边关系。不同时期，加美关系疏亲有变。探讨加拿大与美国关系的曲折经历，对于理解当今的国际关系具有举一反三的意义。

作者简介

　　杨令侠，1955 年生于北京，本科、硕士和博士毕业于南开大学，现任南开大学历史学院美国历史与文化研究中心、教育部人文社科重点研究基地南开大学世界近现代史研究中心教授、博士生导师，曾兼任中国加拿大研究会会长和任南开大学加拿大研究中心主任。研究方向为加拿大史和北美史，主要代表作为《战后加拿大与美国关系研究》和《加拿大魁北克省分离运动的历史渊源》，开设课程为"加拿大通史"（本科生）、"加拿大史专题"（硕士生）和"北美史"（博士生），曾获 2004 年天津市第九届社会科学优秀成果三等奖，是在中国高校博士生招收目录中第一个设立"加拿大史"研究方向的博士生导师，2013 年获由加拿大总督亲自颁发的"加拿大总督奖章"。